추락하는 일본

나남
nanam

이종각

1952년 대구에서 태어나 고려대 사학과를 졸업하고 1977년 〈동아일보〉 수습기자로 입사, 2000년까지 사회부·정치부 기자, 국제부·정치부 차장, 기획팀장, 심의팀장 등을 지냈다. 2001년 일본으로 가 도쿄대학 대학원 석사과정을 마친 뒤(2004년), 일본신문, 잡지 등에 한국, 한일관계 칼럼 등을 쓰는 한편, 현재 주오대학 겸임교수로 출강중이다. 저서로 《자객 고영근의 명성황후복수기》(동아일보사), 《이토 히로부미》(동아일보사), 《韓國いまどき世相史》(亞紀書房)가 있다.

나남신서 1587

추락하는 일본

2011년 9월 1일 발행
2011년 9월 1일 1쇄

지은이_ 李鍾珏
발행자_ 趙相浩
편집_ 이자영, 이예은
발행처_ (주) 나남
주소_ 413-756 경기도 파주시 교하읍
출판도시 518-4
전화_ (031) 955-4600 (代), FAX : (031) 955-4555
등록_ 제 1-71호(1979.5.12)
홈페이지_ http://www.nanam.net
전자우편_ post@nanam.net

ISBN 978-89-300-8587-8
ISBN 978-89-300-8001-9(세트)
책값은 뒤표지에 있습니다.

이 책은 관훈클럽 신영연구기금에서 저술을 지원한 책입니다.

나남신서 1587

추락하는 일본

이종각 지음

나남
nanam

머리말

일본은 패망(1945년 8월)으로부터 불과 20수년 만인 1960년대 후반, 세계 2위의 경제대국으로 재기했고, 선진국 일본은 당시 세계 최빈국 한국이 본받아야 할 모델이었다. 한국은 굴욕외교라는 비난 속에 일본과의 국교를 정상화(1965년), 이후 일본으로부터 자금도 빌리고 앞선 기술과 제도 등을 열심히 흉내 내며 배웠다. 솔직히 일본을 '베꼈다'고 하는 것이 맞는 표현일지 모른다.

일본경제가 60년대 이후 고도성장을 계속하는 가운데, 일본은 70년대 말에 이르러서는 서구로부터 'Japan as Number 1'(일등국가 일본)으로까지 칭송받았다. 그러나 고도성장의 부산물인 부동산, 주가 폭등에 취해 흥청망청하던 일본경제는, 1990년부터 버블(거품)이 꺼지기 시작했고 일본은 이에 제대로 대처하지 못한 채 혼미를 거듭하고 있다.

그사이 일본은 경제뿐만 아니라 정치, 사회, 국민의식 등 전반에 걸쳐 침체, 피로, 쇠약상태가 심화되고 있다. 이전엔 한국을 포함한 세계 각국에서 성공, 모범을 의미했던 '일본화'(*Japanization*)란 말은 어느새 후퇴, 안주, 실패 등의 나쁜 의미로 변했다.

2000년 동아일보 퇴사 이후 도일(渡日), 일본생활이 어느덧 12년째에 접어들고 있지만 그동안 일본에 밝은 뉴스라고는 일본 과학자들의 잇단 노벨상 수상과 여자축구대표팀의 월드컵 우승(2011년 7월) 정도라고 해도 과언이 아니다.

대신 '침몰', '붕괴', '추락' 등 어둡고 무거운 단어들이 오늘의 일본을 상징하는 키워드가 되고 있고, 버블붕괴 10년을 상징하던 용어인 '잃어버린 10년'이 어느새 '잃어버린 20년'으로 바뀌었다.

이와 같은 상황에서 발생한 동일본 대지진(2011년 3월 11일)은 일본의 앞날을 더욱 위축시킬 것으로 보인다.

일본은 '완만히 하강중'

일본에 살면서 거의 매일같이 매스컴 등에 오르내리는 '일본침몰' 등의 말을 접하고 있노라면 일본이 곧 무너져 내릴 것 같은 생각도 들지만, 반드시 그렇지만은 않다. 외국에서 보면 북한의 핵개발 등으로 한국에 곧 전쟁이 날 것 같지만, 그렇지 않은 것과 마찬가지라고나 할까.

일본은 지금 당장 파산하거나 국가재정이 부도가 날 만큼 쇠약한 상태는 아니기 때문이다. 일본은 2010년말 GDP(국내총생산) 기준으로 세계 2위의 경제대국 자리를 중국에 내주고 한 단계 내려앉았지만 여전히 세계 3위의 엄청난 경제력을 가지고 있는 부국이다. 거기에다 이름은 자위대(약 14만 명)지만 최첨단의 군사장비 등 사실상 막강한 군사력을 보유하고, 중국과 동아시아 헤게모니 쟁탈전을 벌이고 있는 강대국이다. 빈부 간, 세대 간 격차사회가 심화되고 있지만 일본인들은 여전히 세계에서 가장 많은 금융재산을 가진 부자국민이기도 하다.

따라서 일본이란 큰 배가 당장 침몰하는 것이 아니라 '선체 이상'으로 버블붕괴 이후 '완만히 하강중'이라는 것이 정확한 표현이 아닐까 생각한다. 그 '이상'이 언제 고쳐질지 알 수 없고, 점점 악화되고 있는 것이 일본이 안고 있는 가장 큰 문제다.

공교롭게도 일본의 쇠약화현상이 진행되고 있는 동안 일본에서는 한류붐과 함께 한국, 한국인에 대한 종전의 편견, 차별의식이 크게 불식되는 등 불과 10여 년 전만 해도 상상조차 할 수 없는 일이 일어나고 있다. 이와 함께 일본인, 특히 젊은 세대들의 한국에 대한 인식은 과거의 후진국, 군사독재국가 이미지에서 어느덧 '선진국 한국'으로 격상돼 있다. 고대 이래 천수백 년에 걸친 한일관계사에서 전례가 없는 특기할 만한 현상이다. 이와 관련해, 일본에 있는 양국사람들은 '격세지감을 느낀다', '현재의 한일관계는 역사상 최고'라고 입을 모은다. 한류붐으로 상징되는 한일 우호현상은 '잃어버린 20년' 동안 일본사회에서 일어난 가장 큰 변화 중의 하나라고 할 만하다.

그런가 하면 버블붕괴 후 일본기업이 주춤하고 있는 사이 한국기업이 2000년대 중반 들어 일본을 제친 분야가 몇 군데나마 나타나고 있다. 전자, 조선, 철강 등이다. 근래 들어 일본 매스컴이나 기업 등에서 삼성전자 등을 예로 들며 "한국을 배우라"고 하는 소리도 곧잘 들린다. 한국기업이 일본기업을 베끼던 시절에는 상상도 할 수 없던 일이다.

'잃어버린 20년'은 한국에 반면교사

왜 일본에 '잃어버린 20년'과 같은 현상이 일어나고, 왜 일본은 이 고비를 극복하지 못하고 있는가? 이와 관련해서는 일본 국내뿐 아니라 전 세계적으로 다양한 논의가 진행중이다. 그 가운데 가장 많이 지적되고 있는 것이 일본의 어린이는 적어지고 고령자들은 많아지는, 이른바 '소자(少子) 고령화'에 따른 인구감소현상이다. 인구가 감소하는 나라가 국력이 강해졌던 전례는 거의 없다. 따라서 일본은 앞으로 일본인이 아이를 많이 낳든지, 아니면 외국인을 이민이나 노동력으로 많이 받아들여 인구를 늘리지 않고는, 버블붕괴 이후 계속되고 있는 침체를 벗어나지 못할지 모른다.

세계최장수국가인 일본은 전쟁에 의하지 않고 인류사상 처음으로 노인 인구가 어린이 인구보다 많아지는, '노인국가'의 길에 들어섰다. 일찍이 인류가 경험하지 못한, 일본이 걸어가고 있는 '노인국가'의 길은 다른 나라에 많은 것을 시사해 줄 것이다.

특히 고령화, 만혼화, 출생률 저하 등 비슷한 사회현상이 일어나고 있는 한국에 일본의 '잃어버린 20년' 현상은 훌륭한 반면(反面)교사가 된다. 극단적으로 말하면 일본이 하는 식으로 하지 않으면, 일본과 같이 되지 않는다는 논리도 가능하다. 우리가 그동안 열심히 베끼는 대상이었던 일본이 왜 이 같은 길을 밟고 있는지에 대해 사실을 정확히 파악하고, 객관적으로 분석하는 것이 필요하다고 생각한다.

10여 년 동안 일본에서 보고 경험해온, 오늘의 일본이 당면하고 있는 제 문제의 원인과 배경 등을 나름대로 분석해 이 책으로 묶었다. 이 책이 독자제현의 현대 일본에 대한 이해를 증진시키는 데 조금이라도 도움이 된다면, 더 없는 보람이라 생각한다.

이 책에 쓸 사진을 위해 저자의 오랜 지인인 전 아사히신문 서울특파원 마에카와 게이지(前川惠司) 씨가 대지진 현장 등을 돌며 전문가 못지않은 사진실력으로 촬영해, 기꺼이 제공해 주었다. 자료사진은 연합뉴스 박정찬 사장으로부터 도움을 받았다. 두 분에게 감사의 말씀을 올린다.

그리고 회사일로 바쁜 와중에도 도표 작성 등을 도와준 박영균 군과 집의 큰아이(관수)에게도 고맙다는 인사를 해야겠다. 출판을 쾌락해 준 나남 조상호 사장에게 감사의 말씀을 드린다. 이 책은 관훈클럽 신영연구기금의 저작지원을 받아 출간되는 것임을 부기한다.

2011년 7월 도쿄에서

이종각

나남신서 1587

추락하는 일본

차 례

제5부 우경화와 외교분쟁

·제1부·

경제대국에 드리운 그림자

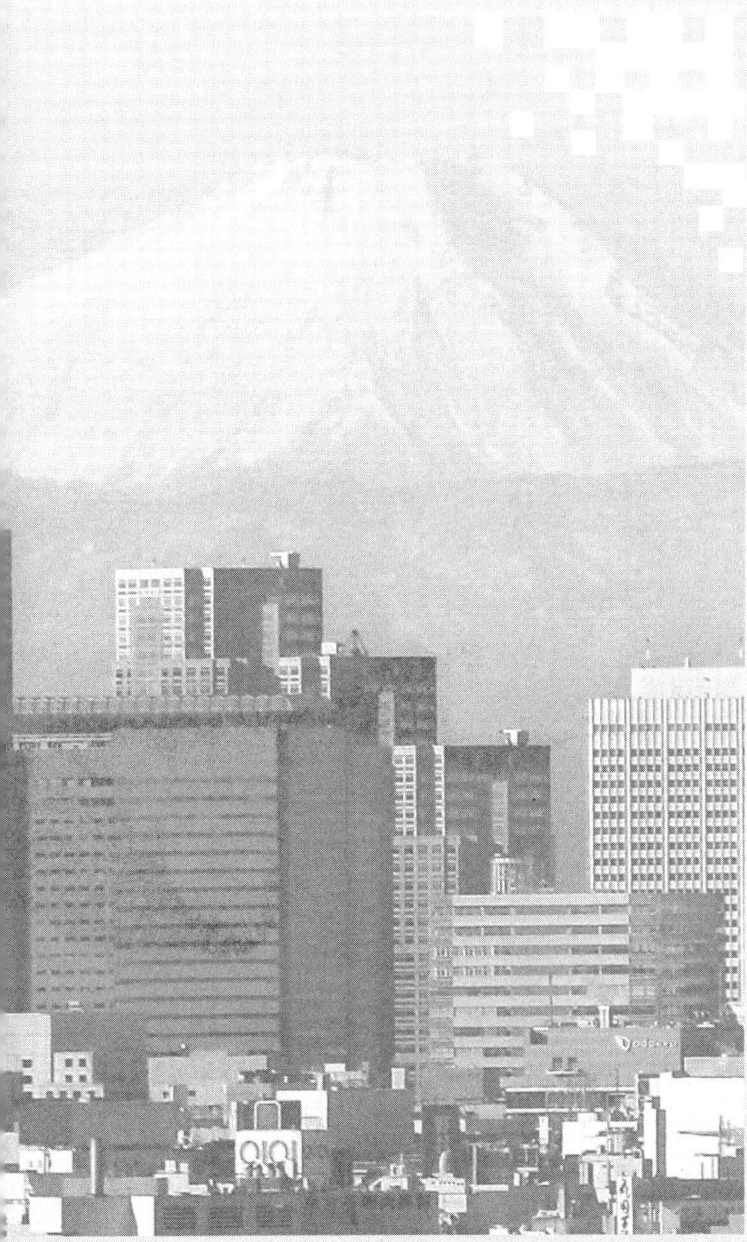

1 '쇠약일본'을 강타한 대지진의 메시지

Keyword: **'지진대국'**

'천년 만의 대지진'

동일본 대지진(2011년 3월 11일)은 물론 자연에 의한 재앙이지만, 현대 일본이 안고 있는 여러 가지 문제가 복합적으로 작용한 '사고'의 측면도 있다.

이번 동일본 대지진은 일본 지진역사상 가장 큰 규모인 매그니튜드(*M*) 9.0의 지진에다 파고 약 15m에 달한 쓰나미(津波)로 사망 1만 5,698명, 행방불명 4,666명 등 2만여 명의 인명피해(8월 15일 현재, 경찰청 집계)와 약 10만 명의 이재민 등 지진 피해지역인 동북지방에 궤멸적인 타격을 입혔다. 869년, 역시 동북지방의 태평양 연안을 엄습한 역사적 대지진인 '조간(貞觀) 대지진' 이래의 대재앙으로 '천년 만의 대지진'으로 불리고 있다.

지진발생 후 매스컴을 비롯한 일본 전체가 이구동성으로 이번 대지

쓰나미에 휩쓸려 궤멸상태인 미야기(宮城)현 게센누마(氣仙沼)의 어촌마을
[전 〈아사히신문〉 서울특파원 마에카와 게이지(前川惠司) 씨 촬영]

진은 일본정부와 후쿠시마(福島) 제 1원전을 관리하는 도쿄(東京) 전력 등이 상정했던 재난의 규모를 훨씬 뛰어넘는 '소테이가이'(想定外) 였다고 탄식하고 있다. 자연의 위력 앞에 일본의 의식, 기술, 시스템, 상식 등은 전혀 통하지 않은 것이다. 달리 말하면 일본이 자연을 무시, 과소평가한 것이 재앙을 더 키웠다고도 할 수 있다.

1945년 8월 패전 이후 불과 20수년 만에 세계 2위의 경제대국으로 부상한 일본은 세계적으로 주도면밀하고 틀림없이 일을 한다는 평가를 받아왔다. 그러나 일본은 1950년대 중반 이후 원전정책을 추진하면서 지진과 쓰나미가 예상되는 태평양 연안부에 충분한 대비 없이 원전을 건설했고, 그러면서도 일본원전은 안전하다고 강조해왔다. 원전사고에 대비해 상정했던 각종 매뉴얼은 이번 지진으로 무용지물이 됐고, 일본정부와 도쿄전력의 대응미숙은 원전사고를 더욱 키운 꼴이 됐다. 그

학교 체육관에서 피난생활을 하고 있는 지진피해 주민들
(〈연합뉴스〉 제공)

동안 일본이 자랑하던 '원전안전 신화'는 여지없이 붕괴돼, 일본은 전 세계적으로 체면을 크게 구긴 셈이다.

그런가 하면 동일본 대지진 사망, 행방불명자 중 65% 이상이 60세 이상의 고령자(경찰청 발표)인 것으로 드러나 세계 최장수국가이면서 급속한 노령화가 진행되는, '노인국가' 일본의 사정을 잘 말해 주고 있다. 일본은 그동안 중앙(도쿄)에 정치·경제·문화 등 국가의 중추가 쏠려 있는 '일극집중'(一極集中) 현상으로 지방의 낙후가 점차 심화되었다. 강력한 중앙집권적 시스템 속에 각 지방자치체는 재정 등이 빈약하여, 방대한 예산이 드는 제방건설 등의 인프라를 제대로 구축하지 못했다. 현재의 일본사회가 안고 있는 여러 가지 모순과 취약점이 지진피해를 더욱 키운 측면이 있는 것이다.

'인재가 아니라 범죄'

동일본 대지진 발생 직후 후쿠시마 제 1원전은 방사능누출 위험도가 구소련의 체르노빌 원전사고(1986년)와 같은 최악의 '레벨 7'로 발표돼 일본국민은 물론 전 세계적으로 충격을 주었다.

지진발생 후 각종 여론조사에선 일본국민의 60% 이상이 정부의 대처미숙과 무능을 지적하고 있다. 특히 후쿠시마 원전사고에 대해서는 천재(天災)보다는 '인재'(人災)라는 인식이 일본국내뿐만 아니라 국외에서도 거의 정설처럼 굳어지고 있다.

일본 지진피해사의 기록을 갈아 치운 이번 대지진에 대해 "원전은 안전하다고 믿은 것이 바보 같은 짓이었다. … 이제 와서 '소테이가이'(想定外) 였다고 잠꼬대 같은 소리를 하고 있는데, 이것은 인재가 아니라 어떤 의미에선 범죄"〔호소카와 모리히로(細川護熙) 전 총리〕라는 주장까지 나오고 있다.

일본정부와 도쿄전력이 원전사고를 수습중이나 정말 수습이 가능한지, 그리고 수습이 가능하다면 언제 완전히 매듭이 지어질지도 불투명한 상황이다. 이에 따라 일본은 언제, 어디서 대지진이 다시 일어날지 모른다는 불안과 함께 또다시 방사능 누출 가능성이 큰, 세계에서 가장 '위험한 나라'로 인식되고 있다. 외국 관광객이 격감하는 등 일본은 전 세계로부터 기피대상이 되고 있는데, 이는 '아름다운 일본', '동양 유일의 선진국'이란 종래의 일본 이미지로부터 상상하지도 못했던 추락이다.

대낮에도 어두컴컴해진 도쿄

일본 전국에 있는 54기의 원자력 발전기 중 절반 이상인 30여 기(2011년 7월말 현재)가 정기점검 등을 계기로 원전이 있는 지자체가 가동재개를 반대하여 발전을 중단한 상태다. 이에 따라 전력부족이 심각하자 정부는 2010년 대비 15% 절전목표를 설정해 기업과 민간 등에 따라 줄 것을 요청했고, 전력수요가 많아지는 하절기를 앞둔 7월 1일부터는 1973년 오일쇼크 때에 이어 30여 년 만에 전력사용 제한령까지 발동했다.

도쿄는 절전을 실시함에 따라 휘황찬란한 네온이 불야성을 이뤘던 도심은 물론, 도시 전체가 어두컴컴해졌다. 역, 건물 등의 에스컬레이터는 상당수가 운휴중이고, 전철 안은 조명을 낮춰 신문을 보기도 힘들 정도다. 컴컴해진 도쿄는 대지진이 일본경제, 사회에 준 충격을 상징하는 풍경이라고 할 수 있다.

간 나오토(管直人) 총리는 대지진발생 직후 원전을 중시하던 에너지 정책을 백지화, 풍력, 태양열에 의한 발전 등 자연에너지를 중시하는 정책으로의 전환을 선언하고, 전체 발전량에서 차지하는 자연에너지의 비율을 20%로 앞당기는 시점을 종전 2030년에서 '2020년의 가능한 빠른 시기'로 대폭 앞당기겠다는 계획도 표명했다.

그러나 독일과 이탈리아 등이 일본 원전사고의 영향을 받아 원전가동 중지를 결정하는 '탈원전'을 실행에 옮기고 있는 데 비해 당사자인 일본은 원전비중 축소에 그치고 있어 주객이 전도된 느낌마저 준다. 간 총리는 지진발생 4개월여가 지난 7월 중순 〈장래 탈원전〉이란 방침을 밝혔지만 이미 사임의사를 밝힌(6월) '힘없는 총리'인 데다 탈원전 방침을 내각에서조차 반대하자 '개인 의견'이라고 후퇴하는 일막도 있었다.

동일본 대지진 이후 절전을 위해 운행을 중단한 채 멈춰 있는 도쿄 신주쿠 역 에스컬레이터

대지진은 일본정부의 에너지정책 전환뿐 아니라 국민들의 생활과 의식 등에도 큰 변화를 가져오고 있다. 일례를 들면, 일본인들은 지진발생시의 공포와 고립감 등으로 가족의 중요성을 새삼 느끼게 돼, 한 결혼상담소의 경우 젊은 회원들 간의 결혼율이 예년 동기에 비해 20%가 늘었다고 한다. 천년에 한 번 있을까 말까 한 대지진의 영향과 후유증이 여러 가지 형태로 나타나고 있는 것이다.

유일의 원폭 피해국이면서도 원전 추진

일본은 히로시마(廣島)와 나가사키(長岐)에 원폭투하를 당해 수십만 명의 사상자를 낸 세계유일의 원폭 피해국이다. 패전 후 일본은 식민통치와 침략전쟁을 일으켜 아시아 근린제국에서 2천만 명 이상의 사망자를 내게 한 전쟁책임에 대해서는 '통석(痛惜)의 염(念)을 금치 못한다'〔1984년, 쇼와(昭和) 천황의 발언〕는 식으로 애매모호하게 얼버무린 채 원폭 피해국임을 기회 있을 때마다 애써 강조해왔다.

일본이 세계유일의 원폭 피해국이라면 원전에 의한 에너지공급을 단호히 배제한 채 여타 에너지에 의존하는 정책을 추진하는 것이 이상적이라 할 수 있다. 그러나 1950년대 중반 이후 자민당 정권은 효율성과 경제성 등을 앞세워 다른 나라와 마찬가지로 원전개발을 서둘러 동일본 대지진 발생 당시 전체 에너지 중 약 26%를 원전으로 충당하고 있었다. 2009년 집권한 민주당정권도 대지진 발생 이전 여전히 원전 의존도를 더욱 확대(2030년 원자력발전 50%목표)하는 정책을 추진했다. 일본은 탈원전의 길을 택해야 했음에도 다른 나라와 같은 안이한 길을 걸었던 것이다.

그렇다고 해서 원전사고를 방지하기 위해, 엄청난 높이의 쓰나미에 대응할 수 있는 방파제나 방조제를 건설한다든지, 아니면 이번 같은 쓰나미가 와도 닿지 않는 높은 곳에 발전소를 건설한다든지, 그래서 '역시 일본은 다르다'는 감탄을 자아낼 만한 특단의 대책을 세워 놓은 것은 아니었다. 이번 대지진으로 일본은 세계를 깜짝 놀라게 할 정도의 '초일류국가'는 아님을 스스로 '증명'한 셈이다.

메이와쿠 문화에 대한 반론도

그러나 동일본 대지진 발생 직후 일본국민들이 보여준 질서의식과 침착, 양보 등 시민정신은 전 세계에 감탄과 칭찬을 자아냈다. 미국에선 허리케인 피해시 약탈·방화가 일어났지만 일본의 지진피해 지역에선 빈집털이 좀도둑은 몇 건 있었지만 약탈 등은 일절 발생하지 않았다. 도쿄 등지에서도 시민들은 생필품을 사기 위해 몇 시간씩 묵묵히 줄을 서고, 거의 사재기를 하지 않았다. 오히려 중국에서 일본제품을 사재기하는 웃지 못할 일이 벌어졌다. 일본인들의 이 같은 자세는 전 세계에 '품행 방정', '높은 시민의식'으로 강렬한 인상을 남겼다.

이 같은 행동의 저변엔 '다른 사람에게 폐〔메이와쿠(迷惑)〕를 끼치면 안 된다'는 일본인 특유의 의식과 관습도 작용했다. 일본인들은 어릴 때부터 가정과 학교에서 남에게 폐를 끼치면 안 된다는 것을 가장 큰 덕목으로 교육받는다. 이른바 '메이와쿠 문화'다. 이번 대지진 발생 며칠 후 구조된 할머니의 제일성이 "메이와쿠를 끼쳐 죄송하다"이니 아무리 메이와쿠 문화가 일본인의 미덕이라고 하지만, 어이가 없을 정도다. 구조대의 일이 인명을 구하는 것인 만큼 구조받은 사람이 메이와쿠를 끼쳤다고까지 해야 할 필요는 없다. 그런데도 일본인들은 그렇게 말한다. 입버릇처럼 돼 있다.

그래서 쓰나미에 휩쓸려 가족 여러 명이 한꺼번에 죽는 참변을 당했는데도 일본인들은 한국인처럼 울부짖거나 실신하는 경우는 별로 없다. 그저 조용히 흐느끼는 정도다. 자연재해는 인간으로선 어쩔 수 없다는 체념에다, 큰 소리로 울고불고 하는 것은 다른 사람에게 메이와쿠가 된다고 생각하기 때문이다.

일본 식자 사이엔 대지진을 계기로 이 같은 메이와쿠 문화에 대한 일본인들의 자세가 바뀌어야 한다는 주장도 나오고 있다. 일본인이 남에게 폐를 끼치지 않으려는 수동적 자세에서 벗어나, 적극적인 사고방식으로 전환해야 일본이 변화한다는 것이다.

그러나 오랜 옛날부터 일본사회에 형성돼 온 메이와쿠 문화가 어느 날 갑자기 바뀌는 것은 어려울 것으로 보인다.

일본의 영향력은 현저히 약화

동일본 대지진은 1990년대 초 버블경제 붕괴 후 20여 년간 하강국면을 걷는 일본의 앞날을 더욱 어둡게 하고 있다. 국내경제 등에도 부정적인 영향을 미치고 대외적으로도 그동안 세계 2위의 경제력을 바탕으로 형성된 일본의 영향력은 현저히 약화되는 것이 불가피할 것으로 보인다.

동일본 대지진의 유일의 수확(?)이라면 '후쿠시마'가 원전의 공포를 전 세계적으로 알리는 계기가 돼 유럽 각국에서 원전반대 데모가 일어나고, 전술했듯이 독일과 이탈리아 등에서 원전가동 및 추가 원전건설을 중단한다든지 등의 '탈원전' 현상이 일어나고 있다는 점이다.

대지진은 쇠퇴해가는 일본에 변화와 변혁을 요구하는 메시지를 보냈다고도 볼 수 있다. 그러나 일본은 대지진, 쓰나미, 원전사고라는 '삼중고'(三重苦)의 '국난'에 직면해 있으면서도 국회에서 대지진부흥기본법 하나 만드는 데 3개월 이상이 걸리고, 정치권은 여야가 힘을 합친 국난극복보다는 간 총리의 퇴진을 둘러싸고 여야 간, 그리고 여당 내 민주당의 파벌 간 정쟁으로 지새 국민의 지탄을 받았다. 일본은 천 년 만의 대지진이란 미증유의 충격을 받았지만, 획기적인 변화의 조짐은 거의 감지되지 않는다.

일본정계는 동일본 대지진이란 국난을 맞았으면서도 간 나오토 총리 사임을 둘러싼 정쟁으로 지새 국민들의 지탄을 받았다. 사진은 일본 국회의사당.

'일본 리세트론'

막말(幕末)의 문호개방, 제 2차 세계대전에서의 패전은 모두 일본이 외압에 굴복한 패배이고 이번 대지진은 자연의 위력에 '당한' 것이라 할 수 있다. 이같이 일본은 외부의 충격이 없으면 자발적으로 움직이지 않는 수동적인 나라이므로 이번 대지진을 계기로 한계에 달한 일본을 재출발시키는 계기로 삼아야 한다는, 이른바 '일본 리세트(*reset*) 론'이 주창되고 있다. 단순히 지진피해를 복구, 부흥하는 차원이 아니라 일본을 환골탈태시키는 이전의 '개국', '유신'과 같은 변혁이 돼야 한다는 주장이다.

그런 가운데 일본이 에도(江戶) 막부 말기 페리함대(1853년)에 굴복해 어쩔 수 없이 문호를 개방한 것을 '제 1패전', 태평양전쟁에서의 '제 2패전'에 이어 버블경제 붕괴 이후 쇠퇴기에 들어선 일본을 엄습한 미증유의 이번 대지진을 '제 3의 패전'으로 규정하는 시각도 있다.

이번 대지진이 일본의 '제 3의 패전'인지 여부는 차치하더라도, 원전사고의 발생과 처리과정을 놓고 볼 때 일본을 결코 선진 첨단과학국가로 볼 수는 없다. 대지진을 통해 일본이 가진 국력, 국격(國格)의 한계가 드러난 셈이라고 할 수 있다.

1945년 패전 이후, 일본인들은 '일벌'처럼 열심히 일해 세계 제 2위의 경제대국이 되는 기적을 일궜다. 일본인들은 대지진을 계기로 종래의 '일벌'에서 벗어나 적당히 쉬어가면서 여유를 가지고, 격차가 없는 내실 있는 사회를 만들어가는 것이 필요하다고 생각한다. 현재 일본, 일본인이 가진 총체적인 국력, 국격은 세계 3위의 경제대국보다 몇 단계 더 내려가는 것이 적당한지 모른다.

Key word

'지진대국'

일본의 국토면적은 전 세계의 0.25%에 지나지 않으나 동일본 대지진 발생 이전 과거 10년간만 해도 전 세계에서 일어난 매그니튜드(M) 5.0 이상 규모의 지진 20% 이상이 일어났다. 예로부터 일본은 크고 작은 지진이 끊이지 않아 '지진대국'으로 불린다.

왜 일본엔 이같이 지진이 많이 일어나는 것일까?

지구의 표면은 10여 개의 플레이트(암반)로 덮여 있다. 이 플레이트들은 서로 밀고 당기거나 하면서 제각기 수평으로 움직이는데, 그 영향으로 플레이트끼리 뒤틀리다 폭발하는 경우 급격한 움직임이 일어나 대지진이 발생한다. 일본 부근은 태평양 플레이트, 북미 플레이트, 필리핀해 플레이트, 유라시아 플레이트가 서로 겹치는 경계지에 해당하고, 일본열도는 환태평양 지진대라고 부르는 활동성이 높은 지역의 위에 위치해 수많은 지진이 일어나고 있는 것이다.

일본 역사상의 대지진으로는 사서 [《일본삼대실록》(日本三代實錄)]에 익사자 천여 명 등의 피해기록이 남아 있는 896년의 '조간(貞觀) 대지진'과 1896년의 메이지산리쿠(明治三陸) 대지진(M 8.2, 사망자 약 2만 2천 명), 1923년의 간토(關東) 대지진(M 7.9, 사망자 약 10만 5천 명) 등이 꼽힌다.

한국이 일본의 식민지였던 간토 대지진 당시엔 한국인 5, 6천 명(추정, 한국 측 주장)이 유언비어 등으로 일본인들에 의해 학살됐다. 최근엔 1995년 고베(神戶) 대지진(M 7.3)으로 약 6천 4백여 명의 희생자를 냈다.

일본에선 가까운 장래에 대지진이 발생할 가능성이 높은 것으로 예측되는 가운데 특히 도쿄 주변에 수도권 직하(直下)지진(진원지가 육지의 낮은 곳에서 발생하는 지진)이 일어날 가능성도 높은 것으로 점쳐지고 있다. 만약 대형건물이 밀집해 있고 수천만 명의 인구가 생활하고 있는 수도권에 대지진이 발생할 경우

지진발생 시 도피로를 안내하는 도로표시판

막대한 인명피해뿐만 아니라 전기·가스·수도 등 생활 인프라의 파괴에다 도로·철도 등 교통관련 피해, 화재 등에 의한 2차 피해 등 가공할 만한 피해를 가져올 것으로 예상된다.

수도권뿐만 아니라 태평양 연안 다른 지역의 대지진 발생도 우려되고 있다.

일본정부 산하의 지진조사위원회는 도쿄 서쪽에 있는 시즈오카(靜岡)현 부근에서 발생할 가능성이 있는 것으로 상정하는 도카이(東海)지진이 금후 30년 이내에 일어날 확률을 87%라고 추정한다. 간 나오토 총리가 동일본 대지진 이후 하마오카(濱岡) 원전의 모든 원자로 가동정지요청을 할 때(2011년 5월 6일), 그 근거로 이 수치를 들었다.

도카이지진은 스루가만(駿河灣)에서 규슈(九州)에 걸쳐 있는 해구(海溝)의 연안지역에서 일어나는 지진의 하나로 그 서쪽에 도난카이(東南海)지진(30년 이내 발생확률 60%), 더 서쪽으로 난카이(南海)지진(발생확률 70%)의 진원역(域)이 있다. 이들 각 지진은 90~150년을 주기로 발생하고 있다. 그런데 도카이지진은 1854년 발생 이후 150년이 경과하고 있어 특히 발생가능성이 '임박'(?)한 것으로 지진전문가들은 예측한다. 지진조사위는 도카이지진의 주기와 마지막 지진으로부터의 경과기간을 기준으로, 2004년 30년 이내의 발생확률을 84%로 공표했는데, 그 이후 시간경과를 계산에 넣어 2011년 1월 현재 87%로 계산했다.

일본정부의 중앙방재회의는 도카이지진의 에너지가 임계상황까지 축적되고 있을 가능성이 크다고 지적한다. 거기에다 도난카이, 난카이의 두 지진도 전회 지진발생으로부터 65년이 경과해, 언제 발생할지 모르는 상황이다. 이 때문에 중앙방재회의는 "과거의 기록과 과학적 분석 이외에 모든 가능성을 고려하여 거대지진과 쓰나미를 상정해야 한다"며 이에 따른 대비책을 정부와 지자체에 요청(2011년 6월 27일)하였다.

이제까지 세 개의 지진이 한꺼번에 연동하는 3연동 지진을 최대 규모로 상정해왔으나 이를 상회하는 동일본 대지진이 발생한 만큼, 중앙방재회의는 4연동지진 등 모든 가능성을 고려해야 한다는 의견을 제시한 것이다.

그러나 지진예측은 어디까지나 참고치에 불과하다. 정확한 예측은 불가능하다. 따라서 일본은 언제, 어디서, 어떤 지진이 발생할지 모르는 불안한 나날이 계속되고 있다.

2 '잃어버린 20년'… 디플레가 몰고 온 장기침체

Keyword: 'MADE IN JAPAN'

방사능, 침몰, 쇠퇴 … 오늘의 일본을 상징하는 말

동일본 대지진이 일본경제에 미칠 영향을 장기적으로는 예측하기 힘들다. 각국의 경제학자들은 대재난을 당한 국가의 경제는 부흥수요에 따른 경기확대로 장기적으로 회복되는 경우와 과중한 재정부담 등으로 더욱 악화되는 경우로 엇갈린다고 분석한다.

그러나 단기적으로 대재난은 그 국가의 경제성장을 둔화시키는 등 마이너스 요인으로 작용한다는 데 의견이 일치하고 있다.

동일본 대지진은 침체를 거듭하고 있는 일본경제에 상당한 주름살을 더할 것으로 예상된다. 당장 지진피해 지역에 부품공장 등이 있는 도요타, 닛산 등 일본 자동차메이커는 2011년도 생산목표 달성에 상당한 차질이 불가피하다. 여타 일본기업들도 사고가 난 후쿠시마 원전 등 전국 원전 54기 중 30여 기의 가동중지(2011년 7월말 현재)에 따른 전력부족

일본 자동차메이커들은 동일본 대지진으로 부품공장 침수 등 상당한 피해를 입었다.
사진은 자동차 생산라인

의 영향으로 기업경영에 큰 지장을 받고 있다.

각국에선 방사선오염 가능성을 이유로 일본 농수산물에 대한 수입기피와 함께 일본산 공산품에 대한 안전보장도 요구하고 있어 일본정부의 골치를 아프게 한다.

한순간에 인명피해에다 모든 재산을 날린 피해지역 주민들은 피난소생활로 생활에 큰 타격을 받고 있고, 다른 지역 주민들은 대재앙에 따른 사회불안에 위축돼 소비를 억제하는 등, 대지진은 전반적으로 일본경제에 악영향을 끼치고 있음은 물론 사회를 움츠러들게 하고 있다.

1990년초부터 거품 빠지는 버블붕괴 현상

그러나 일본경제는 대지진이 일어나기 전부터 구조적으로 심각한 문제를 안고 있었다. 1945년 8월 패전 후, 고도성장을 구가하던 일본경제는 1990년초부터 거품이 빠지는 버블붕괴 현상이 일어나, 이후 20년 이상 장기침체의 늪에 빠져 있다. 이 침체기간을 2000년대까지는 '잃어버린 10년'으로 부르다가 2010년 전후부터 '잃어버린 20년'으로 부른다.

이 기간 동안 물가가 하락하는 디플레이션과 그에 따른 장기불황으로 일본은 경제뿐만 아니라 정치, 사회, 문화, 의식 등 전반에 걸쳐 침체, 쇠약화현상이 진행중이다.

그림 1 | 미국, 중국, 일본의 명목 GDP추이

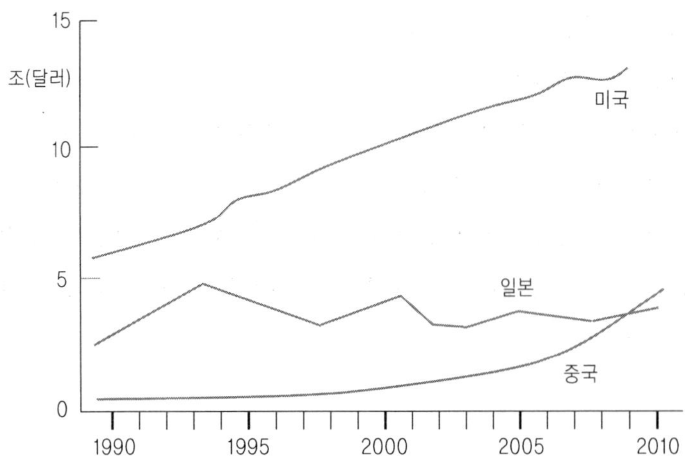

주: 국제통화기금, 일본 내각부, 중국 국가통계국의 자료로 작성.
(〈아사히신문〉 2011년 1월 21일자 전재)

침몰, 붕괴, 쇠퇴, 추락, 위기, 파멸 … 이 같은 어둡고, 무거운 단어들이 오늘의 일본을 상징하는 용어가 되고 있다. 이 같은 시점에 터진 대지진으로 상징어에 지진, 쓰나미, 방사능 같은 단어가 추가됐다.

일본의 쇠약화현상은 1979년 계획경제에서 시장경제로 전환한 이래 2010년까지 31년간 연평균 경제성장률 9.9%의 경이적인 성장을 계속해, 2010년 일본을 제치고 세계 2위의 경제대국으로 부상한 중국과 대비된다. 대지진 발생 전 일본을 비롯한 세계각국의 매스컴엔 '떠오르는 중국, 저무는 일본' 유의 기사가 봇물을 이뤘다. 20세기에 흥융과 패망, 부흥의 기적을 이뤄 세계를 놀라게 한 일본의 세기는 저물어 가고, 명실상부한 대국으로 떠오른 중국의 세기가 도래한 것인가? (〈그림 1〉 참조)

일본인들, 디플레의 무서움을 체험

1990년대 초 일본에 본격적인 디플레이션(이하 디플레)이 시작되자 "물건 값이 올라가는 인플레이션(이하 인플레)보다는 내려가는 디플레가 되면 오히려 살기가 편해져 좋지 않겠느냐?"고 생각하는 사람도 상당히 있었다. 그러나 그렇지 않다는 것을 일본인들은 '잃어버린 20년' 동안 체험을 통해 알게 됐다.

일본은 소비자 물가지수가 1999년 마이너스로 전락한 이래 2010년까지 10년 이상에 걸쳐 전년도에 비해 제로 또는 마이너스를 기록하는, 디플레가 계속되고 있다. 이 같은 장기 디플레와 불황의 심화로 근로자 소득, 세대 소득은 계속 줄어들고 있다.

즉, 가정의 수입을 의미하는 세대소득은 1994년(1세대당 평균소득액 664.2만 엔)을 피크로 계속 줄어들어 2009년 조사에선 549.6만 엔으로 1994년 대비 약 18%가 감소한 것으로 나타났다. 소득계층별로 볼 때는 2009년 평균소득 이하 세대가 전체의 61.4%를 차지하고 있다. 소득감소의 가장 큰 이유는 근로자봉급의 전반적인 감소를 비롯, 불황으로 인한 비정규직 증가, 고령화의 진행에 따라 봉급을 받던 세대가 퇴직해 연금생활에 들어간 점 등이다.

이같이 디플레는 불황을 부르고, 불황은 다시 디플레를 부르는 악순환이 반복된다. 거기에다 디플레와 불황은 한번 시작되면 더욱 심화되는 속성이 있음이 일본에서도 증명되고 있다.

일본기업들은 디플레가 계속되자 어쩔 수 없이 생산 코스트에도 못 미치는 가격으로 물건을 파는 수밖에 없어 이익이 급감하거나, 적자가 돼 도산하는 기업이 속출했다. 1990년대 이후 일본에선 '폐업률'(폐업한 회사수를 전체 회사수로 나눈 수) 이 '개업률'(개업한 회사수를 전체 회사수로 나눈 수) 을 상회하는, 즉 새로 개업하는 회사보다는 폐업하는 회사가 계속 많아지고 있다. 2005년말 현재 약 160만 개 있던 일본의 회사는, 이후 5년간 약 10만 개가 줄어든 것으로 나타났다. 한 해 평균 2만 개의 회사가 도산 등으로 사라지고 있는 것이다.

그리고 기업들은 코스트 삭감을 위해 인건비 등이 싼 중국이나 동남아 등지로 공장을 옮겨 가 일본 국내의 일자리는 더욱 줄어드는 공동화(空洞化) 현상이 일어나고 있다.

거기에다 2010년 들어선 일본통화 엔의 가치가 급등하기 시작, 10월엔 장중 1달러 79엔까지 올라 1995년 4월 19일의 사상 최고치 엔고기록(79엔 75전) 에 접근했다. 동일본 대지진 직후엔 사상 최고치를 경신(2011년 3월 17일, 76엔 25전) 한 뒤 76~80엔 초반대(2011년 7월 29일 현재 76엔 77전) 의 엔고현상이 계속돼 일본의 수출경쟁력이 떨어지는 등 경제전망을 어둡게 하고 있다.

이 같은 디플레와 불황 속에 일본기업들은 가격을 내려 많이 판다는 저가경쟁에 사활을 걸고 있다.

외식업체, '싸고, 빠르고, 맛있는' 저가경쟁에 사활

도쿄를 비롯한 일본도시의 전철역 주변 상가엔 서민들에게 인기가 있는, 쇠고기 덮밥인 '규동'(牛丼)을 파는 가게가 반드시라고 할 만큼 있다. 규동은 싼 가격에 쇠고기에다 밥, 된장국을 먹을 수 있어 서민들, 특히 젊은 남성층에 인기가 있다.

규동전문 체인 3사는 2008년말 세계금융위기 이후 계속 매상이 줄어들자 2010년초부터 '규동전쟁'이라 불리는 치열한 저가경쟁을 벌이고 있다. 일본의 디플레를 상징하는 혈전으로 불린다.

전국에 1,500여 개의 점포를 가지고 있는 최대그룹 '스키야'(すき屋)와 3위인 '마츠야'(松屋)는 통상가격보다 50~60엔 정도 싼 320엔, 280엔짜리 규동을 출시하는 저가격 전략으로 연간매출이 각각 13%, 10%씩 신장했다.

2위인 '요시노야'(吉野屋)는 호주산 고기를 사용하는 경쟁사와 달리 고기질이 규동을 요리하기에 좋다는 미국산 고기를 사용하며 품질을 중시, 가격을 인하하지 않는 전략을 고수했다. 그러나 고객을 계속 뺏겨 2010년 중간결산에서 최대적자를 내자 어쩔 수 없이 280엔짜리 '규나베동'(전골 덮밥), '쇠고기 김치국밥'을 잇달아 내놓았다. 그러자 줄었던 매출이 어느 정도 회복됐다.

그러나 결국 요시노야는 저가 전략의 두 경쟁업체에 계속 고객을 빼앗겨 2010년 연간 매출은 전년 대비 8%나 감소했다. 2011년 들어서도 이들 업체들은 가격을 더 내려 250엔, 240엔짜리로 제 2라운드 혈투를 계속하고 있다.

© Maekawa Keiji

치열한 저가경쟁을 벌이고 있는 규동 체인점 요시노야(위)와 마츠야

© Maekawa Keiji

270엔짜리 안주를 선전하고 있는 이자카야 체인점 긴노쿠라

주류업계도 예외가 아니다. 일본의 대중선술집인 이자카야(居酒屋)의 안주는 대체적으로 400~500엔 전후가 많은 편이다. 2008년말 이후 불황이 심화돼 손님이 계속 줄어들자 다음해 '긴노쿠라'(金の蔵)라는 이자카야 체인은 안주 전 품목을 270엔 균일의 박리다매 작전으로 활로를 개척했다. 이에 '우오타미'(漁民) '와타미'(和民) 등의 다른 이자카야 대형체인들도 어쩔 수 없이 299엔, 280엔짜리 등의 저가 안주로 따라가고 있다. 2011년 들어서는 250엔까지 내려갔다. 대체적으로 안주 하나에 300엔 이하라면 싸다는 느낌을 준다.

그런가 하면 일본인들에겐 남녀노소 가리지 않고 인기가 있는 회전스시(초밥)점 중 가장 큰 체인인 '갓파스시'는 평일은 한 접시당 90엔까지 내렸다는 텔레비전 CM을 하고 있고, 주로 한 접시 136엔짜리를 팔던 중소 회전스시점 중엔 100~120엔으로 내린 가게가 많다.

이같이 디플레와 불황을 이겨내기 위한 저가경쟁으로 일본의 외식산업은 시장규모가 매년 줄어들고 있는 가운데, 특히 값이 비싼 편인 패

밀리 레스토랑은 고전을 면치 못하고 있다. 반면 '싸고, 빠르고, 맛있는'을 캐치프레이즈로 하는 저가업체들이 호조다.

규동체인 외에 파스타전문 '사이제리아', 교자전문 '오쇼'(王將), 우동전문체인의 '마루카메'(丸龜) 등이 그렇다.

전국에서 폐점하는 백화점 속출

저가 경쟁에 나선 것은 이자카야 등 외식산업뿐만 아니다. 의류, 가전제품, 가구점 등 거의 모든 업종이 저가경쟁에 사활을 걸고 있다.

의류, 가방, 구두 등의 외제 고급브랜드는 2009년도 일본 내 매출이 1조 엔 이하로 떨어져 가장 많이 팔렸던 때의 절반 수준에 불과하다. 2010년도 이후엔 더 떨어지고 있다.

백화점 매상을 올려주는 가장 효자품목이었던 외제브랜드와 고액상품의 판매부진 등으로 백화점업계는 14년간 연속으로 매출이 줄어 2010년 매출은 피크 때(1991년)의 3분의 2에 불과했다. 전국 각지에서 폐점하는 백화점이 속출하고 있다.

프랑스의 '루이뷔통', '샤넬', 이탈리아의 '구치', '베르사체' 등이 직영하던 일본 내 매장은 문을 닫고 신흥시장인 중국 등지로 떠나가고 있다. 급격한 엔고, 원화약세 현상이 나타난 2009년초부터는 비교적 여행경비가 싼 편인 한국으로 가 면세점에서 외제 브랜드를 사는 일본인들이 늘고 있다.

이같이 일본에서 외제브랜드 판매가 위축되고 있는 가운데 매상을 크게 늘리고 있는 의류브랜드도 있다. '유니클로', 'ZARA' 등 '퍼스트패션'이라 불리는, 가격이 싸면서도 멋있다는 평을 받는 브랜드이다.

특히 '유니클로'는 일본 국내 소매업 매상 베스트 10(2010년도)에 들어갈 정도로 급성장했고, 한국, 중국 등 해외에서도 큰 인기를 끌고 있다. 불황의 시대에 유니클로만이 하루 매출액 100억 엔을 올리는 등 홀로 승승장구하고 있다는 말이 나올 정도다.

일본의 장기불황은 백화점업계에 큰 타격을 주고 있다.
사진은 도쿄도심의 한 백화점건물. 이 사진은 특정 사실과 관계없음.

싼 가격으로 가전제품을 파는 최대체인점인 '야마다 전기'와 '에디온' 등도 소매업 매상 베스트 10에 포함될 정도로 호조다. 가구의 경우 수입가구 전문업체인 '오츠카 가구'는 부진을 면치 못해 대형매장을 폐업하였으나 '니토리'란 저가 가구점체인은 그동안 하지 않던 텔레비전 CM까지 하는 신장세를 보이고 있다.

그런가 하면 한국에도 진출해 있는 '다이소' 등 100엔짜리 물건을 파는 업체인 '100엔 숍'도 도쿄 도심의 근사한 빌딩 1층에서 성업중인 가게가 눈에 띄게 증가했다. 불황으로 건물에 입주하려는 점포가 없자, 건물주가 싼 가격으로 100엔 숍에 임대를 준 것으로 보인다.

© Maekawa Keiji

중저가브랜드로 인기를 끌고 있는 의류전문점 UNIQLO

© Maekawa Keiji

디플레 속에 성업중인 100엔짜리 물건을 파는 '100엔 숍'

"현재의 일본, 백 년 전 영국과 흡사"

세계에서 가장 먼저 공업화에 성공했던 영국은 19세기 후반, 현재의 일본과 같이 20년 이상 디플레와 불황이 계속돼 소비자 물가는 3할이나 하락하고, 경제성장률은 연 2% 이하의 저성장에 그쳤다.

이때 영국경제가 침체했던 것은 당시 유럽의 신흥국 독일과 미국의 공업화에 따른 발전이 그 원인 중의 하나로 지적된다. 당시 영국엔 '영국과 식민지를 제외한 여타 국가들엔 비싼 관세를 부과해야 한다'는 '블록경제안'이라든지, '이제부터 제조업은 그만두고 금융, 정보산업에 집중해야 한다'는 '금융입국안'등이 거론됐지만 결국 아무런 결정을 내리지 못한 채 20세기에 들어갔다.

영국은 제 1차, 제 2차 세계대전이란 두 차례의 전쟁에 국력을 소진하고, 보유하던 방대한 식민지도 제국주의시대의 종언과 함께 차례로 독립해, 영토는 급격히 줄어들었다. '해가 지지 않는 나라'라고 불리던 왕년의 대영제국은 20세기 후반엔 유럽의 한 귀퉁이에 있는 본래의 섬나라로 되돌아갔다.

이 같은 영국의 모습이, 최근의 일본이 이웃에 있는 한국과 중국의 공업화에 눌려, 경제가 발전하지 못하는 것과 흡사하다고 보는 일본경제전문가의 견해도 있다.

버블붕괴 이후 일본에서도 당시 영국과 마찬가지로 '하이테크산업 집중육성론', '금융입국론' 등 여러 가지 안이 나왔지만 명확한 성장전략 없이 21세기를 맞이했고, 침체의 길을 밟고 있다. 일본도 이 상태로 흘러가다간 100년 전 영국과 마찬가지로 활력을 잃어버린 채, 아시아 한구석의 섬나라로 전락할 것이란 우려가 팽배하다.

돈을 쓰지 않아 디플레 계속

일본에 왜 이 같은 장기 디플레가 일어나는가에 대해서는 여러 가지 논의가 있다. 가장 흔히 거론되는 것은 '물가와 임금이 싼 중국과 국제적 경쟁이 시작돼 일본의 물가와 임금이 어쩔 수 없이 내리고 있다'는 주장이다. 이 주장은 일본에서 상당히 광범위한 지지를 얻고 있고, 실제 중국과 경쟁함에 따라 일본기업이 가격을 인하하는 케이스도 없지 않다. 그러나 '세계의 공장'으로 저가제품을 양산하는 중국과 경쟁을 벌이는 나라는 일본만이 아니고 수없이 많다. 그렇다고 해서 그 경쟁국들에서 모두 디플레가 일어나지는 않는다.

유독 일본만이 장기간에 걸쳐 디플레가 계속되는 것은 다른 요인이 있는 것으로 경제학자들은 분석한다. 그것은 "디플레의 원인은 '수요갭'" 이란 경제이론이다. 수요갭이란 '물건을 팔고 싶다'는 공급보다, '물건을 사고 싶다'는 수요가 적어 생기는 차이를 말한다. 즉, 수요가 공급보다 모자라 디플레가 일어난다는 것이다.

예를 들어 일본정부는 '2010년 1~3월기의 수요갭은 마이너스 4.8%, 1년 단위로 환산하면 25조 엔'이라고 발표했다. 즉, 수요와 공급의 차액인 25조 엔이 디플레를 일으키고 있다는 것으로 몇 년 전까지만 해도 30조 엔, 40조 엔이라고 말해지던 액수가 정부의 발표로는 상당히 줄어든 것이다.

이 이론대로라면 일본의 디플레와 불황을 치유하기 위해서는 수요갭을 메우는, 즉 수요를 늘리는 길밖에 없다. 일본 국민들이 돈으로 물건을 사야, 즉 돈을 돌게 해야 디플레를 극복할 수 있다.

그러나 디플레가 시작된 뒤 일본인들은 필요 없는 돈은 가급적 쓰지 않으려 하고, 써야 할 경우엔 가능한 한 싼 물건을 사고, 절약한 돈으로 저축하는 생활을 계속해오고 있다. 이 같은 생활습관으로 일본인들은 대부분 '구두쇠'가 돼가고, 그에 따라 디플레가 치유되지 않는 상태가 지속되고 있다고도 할 수 있다.

세계에서 가장 부자인 일본인들은 구두쇠

버블기에 비해 줄어들기는 했지만 일본국민들은 세계에서도 가장 많은 재산을 가진 부자에 속한다. 일본은행의 발표(2010년말)에 따르면, 일본인이 보유한 예금, 주식, 보험 등의 금융자산 합계가 약 1,400조 엔으로, 이를 국민(약 1억 2,700만 명) 1인당으로 계산하면 약 1,070만 엔을 보유한 셈이 된다. 집과 토지 등의 부동산은 별도이므로 일본인들이 얼마나 부자인지 알 수 있다.

그러나 일본인들이 가지고 있는 개인자산의 상당부분은 60대 이상의 노년층이 가지고 있는 것으로 분석된다. 이 자산은 생산적 자금으로 활용되기보다는 대부분 각 가정의 노후생활 자금으로 은행 등 금융기관이나 집안 장롱 등에 잠겨 있다. 일본 노인들 가운데는 예금금리가 거의 제로인 만큼 은행에 예금하지 않고 현금을 장롱에 보관하는 사람들도 많다. 노인이 죽은 뒤 집안에서 수천만 엔의 현찰이 발견됐다는 기사가 종종 난다.

젊은 층은 물론, 상당한 금융자산을 가진 중고년층의 일본인들도 일본경제의 불확실성으로 미래가 불안하다고 느껴 지갑을 열지 않으려 한다. 때문에, 일본의 디플레는 쉽게 해결될 기미가 보이지 않는다.

일본은 1억 2천만 명의 인구규모에다 국민들은 상당한 구매력을 가지고 있어 내수시장 규모가 큰 편이다. 따라서 일본기업들은 자사제품을 먼저 국내시장에 출시해 인정받는 것이 중요하다. 그다음 외국시장으로 나간다.

일본은 내수시장이 큰 반면 GDP(국내총생산)에서 수출, 수입이 차지하는 비율(무역의존도)은 예상외로 낮은 22%에 불과해 세계 178개국에서 밑에서 네 번째이다. 주요 국가 중에서 가장 낮다. 이 수치는 GDP가 클수록 작아지기 때문에 수치가 낮다고 반드시 쇄국적이라고는 할 수 없다. 그러나 한국 82%, 중국 45%에 비교하면 일본의 무역의존도는 너무 낮다.

이같이 내수비율이 엄청나게 높은 경제구조에서 디플레 등으로 내수는 부진해지고 일본제품(Keyword 참조)의 해외시장 개척은 한국 등 신흥국의 부상과 엔고 등으로 발목이 잡혀 일본경제는 하락을 계속하고 있다고 볼 수 있다. 그런데도 일본정부는 각국과의 자유무역협상은 아예 방치한 채로 10여 년을 허송세월하고 있고, 각 기업은 내수시장에 안주해 일본제품은 신흥국 등 해외시장에서 밀리고 있다.

따라서 일본이 장기침체에서 벗어나기 위해서는 내수위주에서, 수입과 수출을 더욱 활성화하는 방향으로 전략을 과감히 수정하는 것이 필요하다.

Key word

'MADE IN JAPAN'

일본인들은 전통적으로 '물건 만드는'(ものづくり) 기술이 뛰어나고, 따라서 일본은 '물건 만드는 나라'(ものづくりの國)라고 자부한다. 그런 전통을 살린다는 취지에서 최근에는 '모노즈쿠리 대학'이라는 것도 만들었다.

한국기업이 만든 변변한 제품이 없었던 일제강점기 이래 한국에선 일본제품은 일단 품질이 높다는 평가를 받아왔다. 그래서 '일제'(日製) 하면 알아주는 인식이 현재까지 이어지고 있다. 일본인 특유의 꼼꼼하고 야무진 일처리도 일본제품의 성과를 올리는 데 한몫을 했다. 일본제품에 대한 이 같은 인식은 한국뿐만 아니라 세계 각국의 공통적 평가라고 해도 과언이 아니다.

그러나 버블붕괴 후 'MADE IN JAPAN', 즉 일본제품의 명성에도 금이 가고 있다. 한국을 비롯한 신흥국제품이 일본제품을 추월해 해외시장에서 더 인기를 끄는 경우도 많이 생기고 있다.

일본은 고도성장기에 들어가면서 선진국이 만든 기존제품에 일본식 아이디어를 가미해 만든 제품을 수출해 세계시장에서 인정받는 특이한 재능을 과시했다. 1950년대 가정용 일반 라디오를 축소해 만든 트랜지스터 휴대라디오가 세계적인 히트를 쳤고, 소니의 휴대용 음악 플레이어인 '워커맨'은 음악을 좋아하는 세계 젊은이들의 필수 휴대품이 됐다. 소니는 '워커맨' 시리즈가 1979년 첫 발매 이래 2010년까지 31년간 2억 2천만 대가 팔렸다고 자랑한다. 1980년대 해외여행 자유화 이후 일본을 여행하고 귀국하는 한국인들이 저마다 일제 전자밥솥을 하나씩 사들고 들어오는 것이 당시 김포공항의 풍속도였다.

전자제품뿐만 아니라 미국 자동차메이커를 흉내 내며 배운 일본의 자동차산업도 1980년대엔 본고장인 미국에서 도요타 등 일본제 자동차가 가장 인기 있는 브랜드가 될 정도로 성장, 미일 무역마찰의 한 원인이 됐다.

인스턴트 라면(1958년 발명)이나 가라오케(1971년 발명)는 일본이 기존제품을 모방한 것이 아니라 가장 먼저 발명해, 전 세계적인 히트상품이 된 경우다. 이처럼 일본은 'MADE IN JAPAN'의 실력을 전 세계에 과시해왔고, 일본제품이 세계시장을 석권한 것은 세계가 그 품질을 인정해 준 것이라고 할 수 있다.

그러나 버블붕괴 이후 일본제품에 이상신호가 켜지고 있다. 1980년대만 해도, 일본의 전자산업은 주요 분야에서 압도적 위치를 점하고 있었다. 소니는 가전제품과 게임기 등에서 세계적 히트상품을 잇달아 내놓아 일본기업으로선 가장 유명한 브랜드가 됐다. NEC는 반도체와 퍼스널컴퓨터에서 세계 1위였다.

그러던 것이〉 20수년이 지난 2010년말 현재, 반도체와 텔레비전에서 세계 1위는 삼성전자다. 퍼스널컴퓨터와 휴대전화에서 1위는 휴렛패커드(미국), 노키아(핀란드) 등 구미기업이다. 소니는 불량제품으로 리콜사태를 일으키고, 미국에선 1억 명 이상의 고객신상정보를 유출하는 대형사고를 일으키는 등 기업 이미지가 크게 실추되었다. 주주총회(2011년 6월)에선 "최근 소니제품 중에 사고 싶은 물건이 보이지 않는다"는 주주의 질책까지 받고 있다.

일본기업이 가까스로 톱을 지키는 것은 디지털카메라와 비디오카메라 등 극히 일부분에 지나지 않는다.

전자제품뿐만 아니다. 신일본제철은 2010년 조강생산량이 2008년 2위에서 6위로 후퇴했고, 대신 중국의 철강메이커와 한국의 포스코가 신일본제철보다 상위에 랭크됐다. 일본이 전통적으로 강한 공작기계도 27년간 세계 1위에서, 2009년에는 3위로 전락했다. 이 분야도 중국이 일본보다 상위를 차지하고 있다.

자동차는 도요타자동차가 대규모 리콜사태에도 불구하고 2010년 세계판매 1위가 됐으나 독일의 폭스바겐(VW)자동차 사장은 일본신문과의 인터뷰(2010년 8월)에서 "더 이상 일본 자동차메이커에 위협을 느끼지 않는다"고 말했다. 그는 "(신흥시장인) 중국, 남미, 아프리카 등에서 폭스바겐과 부딪치고 있는 것은 일본자동차가 아니라 한국의 현대자동차"라고 말한다. 동일본 대지진으로 일본 자동차메이커가 주춤하고 있는 사이 현대자동차는 2011년 상반기 전 세계 판매량에서 사상 처음 도요타를 제치고 4위를 기록하는 신장세를 보였다.

일본이 후발업체로 깔보던 한국과 중국기업이 일본기업을 추월해 세계시장에서 인정받는 시대로 바뀌고 있는 것이다. 그 이유는 일본기업이 종전처럼 새로운 기술로 전 세계를 석권하는 물건을 만들지 못하는 사이, 신흥국의 기업들이 일본기술에 근접, 또는 역전하고 있기 때문이다.

예를 들어 삼성전자 등 한국대기업은 일본처럼 단순히 '물건을 만드는 것'이 아니라 '팔리는 물건'을 만들어 세계시장에서 강세를 보이고 있다고 일본 전문가들은 지적한다. 'MADE IN JAPAN'의 시대는 과연 끝나는 것일까, 아니면 반전할 수 있을까? 일본은 지금 그 기로에 서 있다.

3 왜 장기침체에서 벗어나지 못하는가?

Keyword: **'조선특수'**

'토끼장의 일벌'이 이룬 기적

세계 제 2의 경제대국인 일본에 왜 버블현상이 일어났고, 그 후 20년이란 장기간에 걸쳐 디플레와 불황의 늪에서 빠져나오지 못한 채 허우적거리고 있는가? 그 원인과 배경을 알아보기 위해 먼저 버블붕괴 이전 일본의 경제상황부터 살펴본다.

일본은 1945년 8월 패전으로부터 불과 10여 년 만에 경제부흥에 성공해, 고도성장기에 들어선 1960년대 이후에는 경제성장을 견인하는 노동력, 생산설비, 기술의 3요소가 모두 급성장하는 좋은 조건을 구비하게 되었다.

1947년부터 1949년까지의 베이비붐시대에 태어난 '단카이(團塊) 세대'(Keyword 참조)를 하변으로 한 인구구성은 피라미드형을 만들어, 청소년으로 성장한 단카이 세대들이 매년 새로운 노동력으로 사회에

일본 대기업 사옥이 밀집해 있는 도쿄 신주쿠의 고층빌딩가

진출했다. 특히 당시 인구가 많았던 농촌으로부터는 제조업과 서비스업에 풍부한 노동력이 공급됐다.

근로자들은 착실히 저축했고, 그 저축은 새로운 투자에 돌려져 일본 기업의 생산, 설비능력이 향상되어 갔다. 태평양전쟁 중 일본 해군사상 최대의 전함 야마토(大和)를 건조할 정도의 기술력을 가졌던 일본은 고도성장기엔 선진제국의 기술을 모방, 공산품 제조능력을 급속히 향상시켜 나갔다. 이같이 성장 3요소의 선순환이 계속된 것이다.

일본은 경제개발계획 목표를 달성하기 위해, 정부가 앞장서 민간기업을 이끌고 가는 이른바 '호송선단'(護送船團) 식의 고도성장 정책을 추진해 나갔다.

드디어 1968년, 일본은 당시 서독을 제치고 미국에 이어 세계 2위의 경제대국이 됐다. 전 세계로부터 '동양의 기적'이라는 찬사를 받았다.

패전 후의 잿더미에서, 서구 언론으로부터 '토끼장 같은 작은 집에 살면서 일벌같이 일만 한다'고 묘사된, 일본인 특유의 근면성과 기술력 등으로 불과 23년 만에 이룬 성과였다.

'회사형 인간', '일본주식회사'란 말이 유행하는 가운데 다른 어떤 가치보다 '경제적 실리만을 중시하는' 일본인들을 가리켜 외국에선 '이코노믹 애니멀'(*Economic animal*, 경제동물)이라고 혹평하는 말도 생겨났다. 단시일에 일본이 고도 경제성장을 이룩한 데는 연공서열, 종신고용 등 일본 특유의 기업문화도 일조를 했다는 평가를 받았다.

이같이 일본이 초고속 경제발전을 달성하는 데는 미일 안보조약에 따라 동맹국 미국의 동아시아 방위정책에 철저히 순종해 방위예산 부담을 대폭 줄인 '안보 무임승차'에 힘입은 바도 컸다. 일본은 중국, 소련, 북한 등 주변의 공산권과 대치하는 데 따른 안보불안을 미국이 일본 내 미군기지에 배치한 전술 핵무기, 즉 미국의 '핵우산' 아래 들어가는 것으로 해결했다.

1973년 오일쇼크로 고도성장 종언

일본의 고도성장은 1973년의 오일쇼크 여파로 첫 마이너스 성장을 기록(1974년도) 하며 막을 내렸다. 1955년부터 1973년까지 고도성장 18년간의 경제성장률은 평균 9% 이상에 달했다. 이 기간 동안 "국민들은 하나로 뭉쳐, 내일은 반드시 오늘보다 잘살게 될 것이라고 믿고 '맹렬히' 일했다"고 일본인들은 지금도 자부하고 있다.

오일쇼크로 일본의 고도성장시대가 막을 내린 것은 원자료를 수입해 싼 노동력으로 가공해 수출하는 방식의, 발전도상국의 가공무역이 끝났다는 것을 의미했다. 이후 일본경제의 실질성장률은 오일쇼크 직후의 '광란(狂亂) 물가' 등으로 1974년도엔 0%로 곤두박질쳤으나 1975년도엔 3.2%, 1976년도엔 5.9%를 기록했다. 고도성장기의 일본의 성장력은 10% 선이었으나, 오일쇼크 직후엔 5% 선 정도로 축소됐다.

일본경제의 구조가 바뀐 이 시점에 안정성장으로 전환했다면 일본경제는 지금과는 다른 궤도를 걸었을 것이지만, 정부와 국민은 계속 고도성장의 꿈을 좇아 결국 현재의 침체에 이르는 출발점이 됐다고 보는 일본 경제전문가도 있다. 1976과 1977년, 일본정부는 경기회복을 위해 대규모의 공공사업을 실시한다. 이 무렵부터 오일쇼크 후 서서히 증가세를 보이던 재정적자가 급속히 팽창하기 시작했다.

그래도 일본경제는 1980년대 초부터 1985년까지 전자제품, 자동차를 중심으로 한 수출이 크게 늘면서 3~5%대의 성장을 계속했다. 미국의 대일 무역적자가 늘어나면서 무역마찰이 격화되자, 1985년 9월 선진 5개국 재무상, 중앙은행 총재회의는 엔고를 유도하는 공동성명 '프라자 합의'를 발표했다. 1985년초 1달러 250엔을 넘던 환율은 불과

1년 사이에 150엔까지 폭등했다. 10년 후인 1995년 4월 19일엔 1달러 79엔 75전의 당시 사상최고의 엔고가 기록됐다.

급격한 엔고에 따라 일본경제는 1986년도 실질경제성장률은 1.9%로 급락했다. 일본정부는 이 같은 사태에 대응하기 위해 일본은행이 기업에 무담보로 대부해 주는 5%대의 정책금리를 다섯 차례 인하, 2%대라는 초저금리시대에 들어갔다. 기업은 초저금리로 은행에서 자금을 싸게 대출받아 설비를 대폭 확장했고, 주식과 토지가격은 급등하기 시작했다.

'일등국가 일본'으로 칭송받아

'일본 땅을 팔면 미국 땅 전부를 살 수 있다'는 말이 유행어가 될 정도로 일본경제의 거품은 최고조에 달했고, 일본사회는 버블호황에 들떠 과소비로 흥청망청했다. 일본기업이 콜럼비아영화사 등 미국 유명 영화 제작사나 뉴욕의 초고층빌딩을 매수하고, 부유층 일본인들은 미국의 고급주택을 별장으로 사두는 것이 유행이었다.

1970~1980년대, 일본경제의 절정기에 에즈라 포겔 교수(하버드대학)는 1979년 발간된 《일등국가 일본》(*Japan as Number 1*)이란 책에서 세계는 일본을 모범으로 삼아야 한다고 강조했다. 당시로선 그렇게 보였는지 모른다.

특히 종신고용, 연공서열, 노사일체로 상징되는 일본식 경영은 구미 각국기업이 본받아야 할 모범사례로 치켜세워졌다. 미국을 대표하는 동아시아 전문가인 포겔을 비롯한 서방 매스컴의 일본에 대한 칭찬은, 패전 후 불과 20여 년 만에 경제대국으로 재기한 일본인들의 가슴을 뿌듯하게 했다.

그러나 이 일본식 경영은 10여 년 후 일본경제의 발목을 잡아, 일본을 장기간 침체시키고 있는 '주범격'으로 지탄받고 있다.

1989년 12월 29일, 도쿄증권거래소의 그해 마지막 거래일 닛케이 평균지수는 사상최고인 3만 8,915엔 87전을 기록하였다. 버블의 꼭대기였다.

주가폭락, 버블붕괴의 시작

그러나 1990년 첫 영업일(1월 4일)의 닛케이 평균주가는 3만 8,712엔 88전으로 큰 폭으로 하락한다. 버블붕괴의 서곡이었다. 주가는 그 뒤 하락을 계속해 1990년말에는 2만 3천 엔대까지 떨어졌다. 1년 만에 무려 40%가 폭락했다.

고도성장이 끝난 뒤에도 1974년부터 1990년까지 평균 연 4% 이상, 고도성장기의 절반수준의 성장을 계속하던 일본경제는 1991년부터 본격적으로 하강하기 시작했다. 이른바 '잃어버린 10년'의 시작이다. 1991년부터 2010년까지, 일본경제 성장률은 평균 2%로 거의 멈춰 있는 상태다(〈표 1〉 참조). 같은 시기 미국은 약 2.7배, 독일이 약 1.7배 성장한 것과 비교하면 얼마만큼 일본경제가 침체돼 있는지 알 수 있다.

버블기에 은행에서 초저금리로 차입한 자금으로 남에게 뒤질세라 토지와 주식에 투자했던 중소기업은 버블붕괴로 자산상 큰 손해를 입었고, 그 손해는 본업에도 영향을 미쳤다. 이들 기업에 버블발생의 원인을 제공했던 은행도 불량채권의 증가로 위기에 몰린다.

은행은 손실이 발생하자 자기자본으로 손실을 메웠고, 그 메운 부분만큼 은행은 대출을 줄일 수밖에 없었다. 은행이 돈을 빌려주지 않자 기업과 증권회사 등이 줄이어 도산했다. 도산까지는 안 갔다 해도 과잉채무, 과잉설비에다 과잉고용을 했던 기업들은 활력을 잃고 침체에 빠졌다.

이 시기는 1989년 베를린 장벽이 붕괴하면서 동서냉전이 종언을 고하고 유럽대륙은 유럽연합(EU) 발족(1993년)에 이어 단일통화 유로도입(1997년)을 앞두고 국경이 허물어지기 시작하는 때였다.

1990년대 이후 초저금리정책을 실시하고 있는 일본의 중앙은행인 일본은행 본점

미국엔 IT 혁명이 진행중이고, 아시아제국은 통화위기(1997년)를 극복해가고, 중국은 '세계의 공장'으로 비약적으로 발전하는 등 세계질서가 급속히 재편되는 시기였다. 이같이 세계경제는 글로벌화가 빠르게 진행되며 급변하고 있었으나, 일본은 경제 구조조정이 난항을 거듭하여 변혁이 이뤄지지 않은 채 뒤떨어지기 시작했다.

앞서 언급했듯이 일본은행은 버블붕괴 직후인 1991년부터 정책금리 인하정책을 계속해, 1999년엔 0%에 가까운 '제로금리 정책'을 도입했다. 2000년 8월 일본은행은 경기가 회복했다고 판단, 이 제로금리 정책을 해제했으나 같은 해 11월 경기가 후퇴하자 다시 제로금리로 되돌아가면서(2001년 3월) 정책혼선을 빚었다.

2000년대에 들어서 일본의 불황은 더욱 심화되었고, 위기에 처한 기업들은 신규채용의 규모를 줄이거나 아예 신입사원을 뽑지 않는 기업도 있었다. 2000년부터 2006년까지 취직률은 계속 하강곡선을 이어갔고 2003년 대학졸업생 취업률은 사상최저인 92.1%까지 떨어졌다.

표 1 | 일본의 실질 경제성장률의 추이(1980~2011년)

단위 : %

연도	1980	1981	1982	1983	1984	1985	1986	1987	1988	1989
성장률	3.18	4.18	3.38	3.06	4.46	6.33	2.83	4.11	7.15	5.37
연도	1990	1991	1992	1993	1994	1995	1996	1997	1998	1999
성장률	5.57	3.32	0.82	0.17	0.86	1.88	2.64	1.56	-2.05	-0.14
연도	2000	2001	2002	2003	2004	2005	2006	2007	2008	2009
성장률	2.86	0.18	0.26	1.14	2.74	1.93	2.04	2.36	-1.17	-6.29
연도	2010	2011								
성장률	3.94	1.40								

주: 2011년은 예상치임.[IMF, *Outlook Economic*(2011년 4월판)]

대학졸업생 가운데 정규직 취업률은 매년 60%대 정도다. 대학졸업생이라면 거의 취직이 되던 시대가 끝나고 '취직 빙하기'가 도래했다고, 매스컴 등은 비명을 질렀다.

이 같은 상황 속에 오랫동안 2%대를 유지하던 완전실업률도 3%를 넘어 증가하기 시작, 2002~2004년은 5.5%까지 올라갔다. 이어 2008년 세계경제위기의 여파로 실업자는 2009년 3월 사상 처음 300만 명을 넘었고, 실업률은 사상 최악의 5.6%를 기록했다. 2010년 11월 현재 실업자는 약 318만 명으로 더 늘어났고, 실업률은 약간 하락한 5.1%이다.

일본 재정 2015년경 파탄 가능성도

현재 일본의 사정은 어떤 상태인가?

버블붕괴 이후 일본의 경제성장률은 대체적으로 마이너스 또는 1~3% 전후로 정체상태가 계속되면서 노동력, 생산설비, 기술성장의 3엔진이 전부 혼미에 빠져 있다. 단카이 세대는 만 60세를 맞은 2007년부터 대거 퇴직했으나, 인구구성은 아이가 줄어드는 소자화(少子化) 현상으로 역피라미드형이 됐다. 농촌 인구는 격감해 새로운 노동력을 공급하는 역할을 상실한 지 오래다.

서구의 기초기술을 수입, 모방하는 수법으로, 선진기술력을 따라붙고 일부에선 그 수준을 뛰어넘었던 일본의 기술력은 이제 더 이상 발전하지 못한 채 정체상태다. 과거와 같은 급속한 기술발전은 기대하기 힘들다.

재정적자 문제도 심상치 않다. 2011년 3월 기준으로 일본정부가 지고 있는 국채 등의 채무잔고는 973조 엔에 달할 것으로 추산된다. 20년 전에 비해 4배 가까이 늘어났다. 국민 1인당 약 500만 엔의 빚을 지고 있다.

나라의 경제규모에 비해 몇 배의 채무를 지는가를 가리키는 국제통화기금(IMF)의 통계에 따르면 일본은 200%를 넘어 주요국 중에서는 가장 높은 채무대국이다. 2010년 재정위기에 빠져 EU와 국제통화기금의 지원을 받았고 2011년 다시 위기에 빠진 그리스보다도 훨씬 높다. 그리스 국채는 해외투자가가 70% 이상을 가지고 있어 회수불능을 우려한 투자가들이 투매해 2010년 재정위기의 단초가 됐으나, 일본은 국내금융기관과 개인투자가들이 약 95%를 가지고 있는 점이 다르다.

일본의 개인금융자산 1,400조 엔 정도가 국채를 구입하고 있어 투매 현상이 일어나지 않은 채 안정돼 있다. 그러나 일본국채에 대한 미국투자자문회사의 신용평가도 한 단계 내려갔고(2011년초), 정부의 채무가 현재와 같은 페이스로 계속 늘어날 경우 개인금융자산으로 버티는 것도 향후 4~5년 정도로 2015년경엔 일본이 재정파탄에 봉착할 것으로 보는 전문가도 있다.

거액의 재정적자를 안고 있는 미국과 마찬가지로 일본도 '시한폭탄'을 안고 있는 셈이다. 경제성장에 따른 세수증대와 세출삭감 없이는 악화일로의 일본 재정문제는 해결이 어렵다. 이에 간 나오토 정권은 세수를 늘리기 위해 현행 5%인 소비세를 올리는 방안을 검토중이나 야당과 국민들의 반대는 물론 정부, 여당 내에서도 반대의견이 만만치 않다.

외국기업을 포함해 기업이 일본에서 사업하는 데는 과중한 법인세 부담이 있다. 일본의 법인세는 40.69%로 비슷한 수준인 미국(40.75%)을 제외하고는 세계에서도 그 예를 찾아볼 수 없을 만큼 높은 편이다. 독일 29.42%, 영국 28%, 중국 25%, 한국 24.2% 등 주요국가들은 그동안 자국의 기업부담을 덜어주고 외국기업을 국내에 유치하기 위해 법인세를 인하해 대체적으로 20%대이다.

일본에 본사를 두었던 외국기업들은 일본경제의 국제적 지위는 점점 저하되는 데다 법인세는 다른 나라보다 10여%나 높아, 줄을 이어 싱가포르나 홍콩, 중국으로 거점을 이전하고 있다. 도쿄증권거래소에 상장돼 있던 외국기업도 20년간 썰물처럼 빠져나가 2010년 현재는 13개사, 피크 때의 10분의 1만이 남아있는 상태다.

취임 후 1년 이상 법인세 인하 결정을 내리지 못하던 간 총리는 2010년말 법인세를 5%인하(2011년도 4월부터)하도록 최종 결론을 내렸다.

© Maekawa Keiji

대형 전자제품 판매체인 중의 하나인 요도바시 카메라 매장

앞서 언급했듯이 엔고는 일본기업에 큰 부담이 되고 있다. 엔이 달러당 1엔 오르면 도요타자동차가 연간 약 300억 엔, 혼다자동차는 약 170억 엔의 이익이 각각 줄어드는 것으로 추산된다. 거기에다 엔고는 수입가격을 내리게 해 디플레에 더욱 박차를 가하게 되고, 회복되던 기업의 설비투자에도 찬물을 끼얹는 셈이 된다.

경제가 발전하고 있으면 사회보험비가 부족해도, 재정이 적자가 돼도, 다소의 문제는 시간이 해결해 준다. 기다리고 있으면 국내총생산이 불어나 세수가 증가하고, 국민소득도 늘어나기 때문이다. 그러나 경제가 정체, 또는 축소되는 경우, 기다린다고 해서 문제가 해결되지 않는다는 것이 일본경제의 가장 큰 고민이다.

왜 버블을 극복하지 못하는가

왜 버블이 왔고, 왜 일본은 20년 이상 버블을 극복하지 못하고 있는가? 이와 관련해서는 일본 국내외 전문가의 다양한 견해가 있다.

노벨 경제학상 수상자인 미국의 폴 크루그먼 교수(프린스턴 대학)는 일본에 디플레가 계속되는 원인을 '고령화의 영향 때문'으로 진단한다. 그는 "성장이란 측면에서는 현재의 일본은 경제가 몰락하기 시작한 19세기말의 영국과 닮아 있으나, 생산연령인구의 감소와 해외투자 기회 등에서 당시의 영국보다 현재의 일본은 증상이 더욱 심각하다"고 지적(〈ことば〉, 2010년, 제 2호) 한다.

시라가와 마사아키(白川方明) 일본은행 총재는 "잃어버린 10년의 본질적 문제는 금융정책의 혼선보다 인구감소와 생산성 저하였다"고 주장(2010년 10월 10일 워싱턴에서의 강연) 한다.

일본경제의 장기침체의 이유는 은행문제나 디플레 등에 대한 정책대응이 늦어진 것만이 아니라 고도성장을 가능케 했던 민간의 활력이 저하한 영향도 크다.

소니의 전성시대를 이끈 이데이 노부유키(出井伸之) 전 회장은 일본기업이 버블 이후 성장하지 못한 원인을 다음과 같이 지적한다.

> 일본의 산업구조는 경직적이다. 연공서열과 종신고용이 존속되고 있어, 회사를 망하게 하지 않는 것이 경영자의 미덕이라고 여겨졌다. 경영이 어려워져도 대담한 구조조정을 하지 않아 M&A(합병·매수)의 장점을 살릴 수 없다. 낡은 기업을 버리고, 새로운 기업을 탄생시키는 다이나미즘이 결여되어 있다.

> 일본의 가전업체는 소니와 마츠시타전기(현 파나소닉)가 가정용 VTR의 규격경쟁을 벌였을 때가 피크였다. 1980년대를 끝으로 일본시대는 끝난 것이 아니겠는가. 그 이후론 구글이나 아마존 같은 글로벌한 IT 기업이 한 개도 생겨나지 않는다.
>
> 일본의 높은 법인세와 수많은 각종규제는 비즈니스의 큰 장벽이다. 일본에 본사를 두는 경우 코스트가 아주 높다.
>
> — 〈니혼게이자이신문〉(日本經濟新聞), 2010년 10월 3일자

일본은 1980년대 이후 한국과 같은 국가차원에서 민간기업을 지원하는 성장전략이 없었던 것도 침체의 한 원인으로도 지적된다.

니시무로 다이조(西室泰三) 도시바(東芝) 상담역은 "최근 20년간의 최대 변화는 한국을 비롯한 동아시아 국가의 대두다. 특히 한국은 국가의 의지로써, 일본을 목표로 정해 국가건설을 추진해왔다. 일렉트로닉스를 중심으로 정부와 재벌이 일체가 돼 육성해왔다. 1983년 삼성전자가 처음 D-RAM 공장을 준공해 나도 초청돼 갔다. 당시의 전두환(全斗煥) 대통령이 참석해 초단기간에 공장을 완성한 삼성전자 사장에게 훈장을 수여했다. 반도체도 가전도 국가전략으로 삼고 있는 것을 잘 알 수 있었다"고 말한다. 그는 일본의 침체탈출 방안에 대해 "철저하게 최첨단분야를 선택해 정부도 민간기업을 지원하는 것"이라고 강조(〈니혼게이자이신문〉, 2010년 10월 3일자 인터뷰)한다.

“문명의 변화에 뒤졌다”

저명한 경제평론가인 사카이야 다이치(堺屋太一) 전 경제기획청장관은 “1990년대 이후 일본은 모든 면에서 크게 후퇴했다. 극적이라고 할 만한 몰락”이라고 규정하면서 그 이유를 “문명의 변화에 뒤졌기 때문”이라고 진단한다.

일본은 관료주도의 규격 대량생산(같은 모델의 물건을 대량생산하는)에 매몰되어 다양한 지혜의 시대인 ‘지가(知價) 사회’로 방향을 전환하는, 즉 ‘지가(知價) 혁명’을 일으키지 못해 쇠퇴의 길로 들어섰다는 지적이다.

1989년 일본은 규격 대량생산 능력이 세계 1위가 되어, 일본제품은 압도적인 국제경쟁력을 가졌고 일본기업은 막대한 이익을 올려, 일본엔은 전 세계를 휩쓸었다. 그러나 이때 세계는 다른 방향으로, 즉 지가혁명으로 향하고 있었는데 일본은 규격 대량생산을 가능케 한 ‘관료주도, 업계 협조체제’에 오만하다고 할 만큼의 자신을 가지고 그 흐름을 무시해 침체를 자초했다는 주장이다.

일본은 서구의 첨단기술을 모방해 세계 2위 경제대국까지 올랐다. 그러나 그 다음 단계로 끌어올리는 창조적 능력의 부족이 ‘잃어버린 20년’이란 용어로 상징되는 일본 쇠퇴의 중요한 원인이 아닐까 생각한다.

Key word

'단카이 세대'

1945년 8월, 패전의 잿더미로부터 시작한 일본경제는 소비지물가가 4년간 약 100배나 뛰는 인플레의 연속이었다. 기업이 줄줄이 도산하고, 실업자가 넘쳐나는, 심각한 불황이 계속되던 일본에 1950년, 일본 측 표현을 빌리면 '하늘이 준 기회'가 찾아왔다. 6·25전쟁이다.

3년간(1950년 6월～1953년 7월) 계속된 6·25전쟁에서 한반도에 인접한 일본은 미군 등 유엔군의 군수물자 조달기지 역할을 담당하게 돼 대호황을 누렸다. 1949년 2.2%에 불과하던 경제성장률이 1950년부터 1953년까지 3년간은 평균 12%에 달했다. 일본에선 '조선특수'(朝鮮特需)로 불린다.

1964년부터 1973년까지, 박정희(朴正熙) 정권 시절 한국군 전투부대 파병과 민간기업 진출에 따른 '월남 특수' 등에 힘입어 비약적으로 발전한 당시 한국 경제성장률이 약 9%인 것을 감안하면 조선특수가 당시 일본경제에 얼마나 큰 도움이 됐는지 짐작할 수 있다.

일본의 공장은 미군물자 등을 생산하기 위해 풀가동에 들어갔고 이들 공장에서 일하는 노동자들은 비로소 봉급을 제대로 받아 필요한 물건을 샀다. 이에 따라 일본 내수도 살아나기 시작하는 선순환이 이뤄졌다. 패전 후 나락에 떨어져 있던 일본경제는 조선특수를 계기로 회생의 발판을 만든 것이다. 한민족에겐 수백만 명에 달하는 희생자를 낸 동족상잔의 참극인 6·25전쟁이, 일본에겐 경제부흥에 결정적인 도움을 주는 '행운'이 됐다.

일본정부는 1956년에 들어와서는 '더 이상 전후(戰後)가 아니다(《경제백서》)'라고 선언한다. 전후의 궁핍을 졸업했다는 의미로, 후일 유명해진 문구다. 이해 일본은 유엔에도 가입, 패전국의 굴레를 벗고 국제사회의 일원으로 복귀한다. 1945년 패전 이후 불과 11년 만의 일이다.

1960년엔 이케다(池田) 내각이 '국민소득 배증계획'을 내세우며 고도성장정책을 가속화시켜, 세탁기·냉장고·텔레비전의 이른바 '3종의 신기(神器)'가 각 가정에 보급됐다. 1964년의 도쿄올림픽을 앞두고 수도고속도로, 신칸센(新幹線) 개통 등과 컬러텔레비전 방영 등이 시작됐다. 참고로 한국최초의 고속도로인 경부고속개통은 1970년, 서울올림픽은 1988년, 컬러방송 시작은 1980년, 고속전철 KTX 개통은 2004년이다. 대체적으로 한국이 십수 년에서 수십 년 늦다.

앞서 언급했듯이 일본패전 후 사회가 어느 정도 안정돼 가던 1947년부터 1949년까지 3년간의 베이비붐시대에 806만여 명에 이르는, 이른바 '단카이(團塊) 세대'가 태어났다. 단카이는 '덩어리'라는 의미로, 전쟁중에 남자들이 전쟁터에 나가 많은 사망자가 발생하는 등으로 출생률이 저조했던 이전 세대에 비해 이 베이비붐 세대는 거대한 덩어리를 형성하고 있다는 뜻의, 경제평론가 사카이야 다이치(堺屋太一)의 동명 소설 제목에서 비롯된 조어다.

단카이 세대는 일본 역사상 동시대에 태어난 가장 많은 인구집단으로, 이들은 일본의 고도경제성장기에 노동력으로서도, 소비자로서도 매우 중요한 역할을 담당한다.

'평균 4형제 단카이 세대'라 불렸던 이들은 콩나물교실에서 공부하며 '대학을 나와 좋은 회사에 취직하는 것'을 '좋은 인생'의 목표로, 머리를 수건으로 동여맨 채 공부하며 치열한 '수험전쟁'을 치렀다. 이들의 학생시절은 '일본학생의 기초학력이 세계 1위'를 차지, 이를 일본국민들은 당연시하며 흐뭇해하던 시대였다.

거대한 집단을 이룬 단카이 세대들은 고교, 또는 대학을 졸업(1960년대 말에서 1970년대 초)한 이후, 한창 성장을 지속하던 일본경제의 노동력으로 투입돼 산업역군으로서 일익을 담당했다. 이들이 결혼 후 1971년에서 1974년 사이에 낳은 이른바 '단카이 주니어'들도 그 숫자가 부모세대의 90% 이상에 달해 일본의 경제발전을 유지, 견인하는 데 중요한 역할을 했고, 현재 중년으로 산업현장에서 뛰고 있다.

일본 고도성장시대의 버팀목 역할을 담당했던 단카이 세대는 60세를 맞은

2007년부터 정년퇴직, 곧 65세 이상의 고령세대에 편입된다. 다른 세대에 비해 월등히 숫자가 많고 경제적 여유를 가진 단카이 세대가 일본의 고령문화에 새로운 패턴을 만들 것으로 기대된다. 그러나 2008년 세계금융위기 이후 일본의 경제사정이 더 악화되자 단카이 세대들도 지갑을 열지 않고 있다.

심화되는 격차사회 …
'가치구미'(勝ち組)와 '마케구미'(負け組) 4

Keyword: **'안전신화'**

'1억 총중류'의 평등사회

1980년대 초까지만 해도 일본은 격차가 별로 없는 사회였다. 당시 일본은 '1억 총중류(總中流)'라는 말이 유행어가 될 정도로, 전체인구(당시 약 1억 2천만 명)의 약 90%에 달하는 국민이 중산층에 속하는, 실제로 격차가 가장 적은 국가였다. 그래서 일본은 '부유한 공산주의국가'와 비슷하다는 말이 있을 정도였다.

현재 급속도로 경제가 발전중인 중국이나 인도 등에서는 도시와 농촌의 격차가 벌어지고, 농촌인구가 도시에 유입해 주택난 등 여러 가지 사회문제가 발생하고 있다. 한국에서도 1960년대 이래의 고도경제성장에 의해 공해, 주택난, 빈부격차 등 비슷한 문제가 발생했다. 이는 세계 각국이 공업화하는 과정에서 공통적으로 나타나는 현상이다.

그러나 패전 후 고도성장을 이룬 일본에선 예외적인 현상이 나타났

일본은 80년대까지 전체국민의 90% 이상이 중류층인 '1억 총중류'의 평등사회였다.
사진은 소주 등 지역 특산품을 팔고 있는 지방의 한 가게

다. 1970년대 초, 일본의 고도성장이 끝나갈 무렵 농가의 수입이 샐러리맨 세대 수입을 상회하는 역전현상이 일어나, 1975년에는 1인당 수입에서도 농촌이 도시를 웃돌게 되었다. 이 같은 현상이 일어난 것은 세계에서 일본과 스웨덴 정도였다. 1976년 OECD(경제개발협력기구) 조사에서 일본은 스웨덴과 함께 '세계에서 가장 평등성이 높은 나라'로 평가받았다.

'국토의 균형 있는 발전'을 국정의 기본방침 중의 하나로 내건 자민당 정권은 농촌의 도로 및 전력 등 공공사업을 적극적으로 추진했고, 이와 병행해 지방에 공업단지를 조성했다. 이에 따라 농촌엔 농업 이외에 공단에서 일하는 새로운 일자리가 만들어졌다.

농촌은 도시 못지않게 도로, 주택, 전기, 전화, 교육, 문화시설 등이 정비됐고, 이에 따라 농가가 가지고 있던 토지는 이용가치가 높아져 땅값도 상승하게 됐다. 그야말로 '잘사는 농촌'이 된 것이다.

이처럼 일본이 1970년대에 평등사회를 만드는 것이 가능했던 것은 1955년 이래 장기집권을 계속하던 자민당 정권이 보수·우익성향이지만 고도경제성장기에 '평등사회' 실현을 내걸고 나름대로의 정책을 추진했기 때문이다. 평등사회 건설을 이념으로 내건 사회주의국가가 이루지 못한 평등사회를, 그것도 '잘사는' 평등사회를 일본이 이뤘다는 평가를 받았다.

부유하게 된 농촌은 자민당의 가장 강력한 지지기반으로 1955년 이후 50여 년간 자민당 장기집권을 가능케 하는 데 크게 기여했다. 실제 버블붕괴 이전의 일본지방을 둘러보면 도시 못지않은 도로 등 인프라 정비와 공공시설, 자가용 소유 등의 주민생활 수준도 도쿄, 오사카 등 대도시에 못지않아 일본이 선진국임을 실감케 했다.

이것이 가능했던 것은 당시 일본의 정치구조가 중앙정부의 힘이 지방자치단체보다 월등히 강해 도쿄 등 대도시에서 징수한 세금을 일단 중앙정부가 모은 뒤 보조금과 교부금이란 명목으로 재정상태가 열악한 지방자치체에 우선적으로 배부했기 때문이다.

1980년대 이후 격차가 확대

자민당 정권의 이 같은 지방중시의 정책은 고도성장이 끝나자 방향을 전향한다. 1970년대에는 소득세와 상속세의 최고세율이 각각 88%, 75%였다. 부자들에게 세금을 많이 부과해 거둬들인 돈을 일본전체를 평등하게 하는 데 사용했던 것이다.

세제와 각종규제, 국토개발계획 등으로 1억 총중류를 추진해왔던 자민당정권은 1980년대에 들어와서는 정부가 민간을 엄격히 규제하지 않는 미국식 행정으로 전환했다. 1980년대 이후 소득세 최고세율도 점차 내려가 88%에서 2010년 현재는 50%, 상속세도 최고세율이 75%에서 50%로 인하돼 있다.

이 같은 정책 등으로 1980년대 이후 일본은 서서히 격차가 벌어져 현재는 선진국 중에서 중간 정도로까지 격차가 확대돼 간 것이다.

일본에서 격차가 처음 화제가 된 것은 고이즈미(小泉純一郎) 정권 시절 말기인 2006년 OECD가 '상대적 빈곤율'의 국가별 비교를 발표하면서부터였다. '상대적 빈곤율'의 계산은 복잡하나 일본은 이 비율이 15%정도로, 10% 이하인 스웨덴, 프랑스보다는 높고 미국과는 비슷한 수치였다.

어쨌든 이 발표에서 일본은 미국과 비슷하게 빈곤층이 많다고 돼 있어 그때까지 일본은 '평등한 나라'라고 여겨왔던 일본인들을 어리둥절하게 만들었다. 이 발표에 의해 일본에선 "고이즈미 정권과 같이 '작은 정부', '뭐든지 시장에 맡겨두면 된다'는 식으로 가다가는 선진국 중에서 격차가 가장 큰 미국과 같은 나라가 될지 모른다"라는 비판과 우려가 일기 시작했다.

버블기 일본의 땅값은 폭등해 '광란(狂亂)지가'로 불렸다.
사진은 일본에서 땅값이 가장 비싼 도쿄 긴자 역 부근.

소득분배의 불평등을 나타내는 수치로 널리 사용되는 것은, 이탈리아 통계학자의 이름에서 유래한 '지니(*Gini*) 계수'이다. 2004년, 일본의 지니계수는 0.32(0이 가장 낮고 1이 가장 높다.)로 선진 24개국 중 12위(일본 총무성이 OECD 기준에 따라 산출)로 중간 정도였다. 미국이 이 계수로도 격차가 가장 높은 것으로 나타났고 스웨덴 등 북구제국이 가장 낮은 것으로 나타났다. 그러나 2008년 일본의 지니계수는 더욱 나빠져 0.53으로 역대 최대를 기록, 격차가 더욱 심화되고 있음을 보여준다.

'평등사회'는 급속히 붕괴

버블붕괴 이후 일본은 빈부의 격차가 확대돼 개개인의 생활뿐만 아니라 교육, 의료, 노인복지 등에서도 현격한 격차가 빚어지고. 이에 따라 종전 일본의 미덕으로 회자되던 '평등사회'는 급속히 붕괴중이다.

이긴 자를 의미하는 '가치구미'(勝ち組)와 진 자를 의미하는 '마케구미'(負け組)란 용어가, 격차사회를 가장 잘 표현하는 말이 되고 있다. 여성의 경우, '마케구미'에 빗대어 "아무리 미인이고 일을 잘해도 30대에, 미혼이고, 아이가 없는 경우는 '싸움에서 진 개'라는 의미로 자학하는 '마케이누'(負け犬)"라는 말이 공감을 얻어 유행어가 됐다. 여류작가 사카이 준코(酒井順子)의 에세이집 《마케이누의 먼 울부짖음》에서 유래하는 말이다.

버블붕괴 이후 계속된 장기침체에 따라 일본의 실업률은 1990년대 초보다 2배 이상 늘어난 5%대에 이르고 특히 20, 30대 젊은 세대들의 실업률은 전체 평균보다 2~3%가 높다.

일본의 불황은 실업률의 증가 이외에 파견사원 등의 비정규직을 양산해, 2010년 전체 근로자 중 비정규직이 30%를 차지하였다. 정규직에 비해 임금 등에 현격한 차이가 있는 비정규직의 급증은, 일본사회의 격차를 더욱 확대시키는 중요한 원인이 되고 있다.

세대 간 격차도 심각

세대 간 격차도 심각하다. 우선 고도성장기에 취업한 직장에서 60세 정년까지 평생근무하고 퇴직한 고령세대와 취업난으로 직장을 잡지 못한 채 아르바이트나 비정규직으로 근무하는 층이 많은 젊은 세대들 간에는 생애에 버는 수입이 현격한 차이가 난다.

그리고 현재 고령층이 그동안 납부한 보험료와 인구가 계속 줄어들고 있는 젊은 층이 납부해야 할 보험료도 큰 차이가 있다. 현재 신생아 세대들은 생애소득의 절반을 보험료로 부담해야 할 가능성도 있어, 이들 세대들과 현재 70세 이상 세대들의 생애보험료 납부액은 1억 엔 이상 차이가 날 것이라는 전문가의 시산(試算)도 있다.

장기불황과 격차의 심각화는 자살자를 양산했다. 경시청이 자살자 통계를 시작한 1978년 이후 1997년까지는 매년 평균 2만~2만 5천 명 선이었으나 불황이 점차 심각해진 1998년 사상 처음 3만 명을 넘어섰다. 2003년 3만 4, 427명으로 피크를 기록한 뒤, 2010년까지 조금 줄어들었지만 13년 연속 3만 명을 넘어서고 있다.

이와 함께 저소득층 고령자가 가게 등에서 물건을 훔치다 좀도둑으로 적발된 건수도 2010년 2만 7, 362건으로 사상 최고를 기록하면서, 20년간 계속 증가하고 있다. 손자뻘인 미성년자(2만 8, 371건)와 비슷한 건수다.

범죄최다 기록, 체감치안 악화

버블붕괴 이후 20년, 일본이 그동안 나빠진 것은 경제뿐만이 아니다. '항산(恒産)이 있어야 항심(恒心)이 있다'란 말이 있지만 장기간에 걸친 불황은 실업자와 빈곤층을 양산하고, 그에 따른 각종 범죄가 늘어나 사회불안이 점증하고 있다.

일본은 버블붕괴 이전 세계에서 가장 치안이 안전한 나라라는 평가를 받았다. 젊은 여성이 늦은 밤 시간에도 안전하게 귀가할 수 있는 치안상태를 자랑했고, 경찰에 대한 시민들의 신뢰도 비교적 높았다.

치안뿐 아니라 건물, 도로, 다리 등도 지진에 견딜 수 있는 내진(耐震) 공법에 따라 시공돼 어느 나라보다 튼튼하고 안전하다고 자부했다. 1994년 한강성수대교가 무너졌을 때 일본신문은 일제 식민지시대 때 한국 지방에 건설된 다리는 지금도 멀쩡히 사용된다고 은근히 자랑했다. 그러나 일본이 자랑하는 '안전신화'(Keyword 참조)도 불황 앞에 무너지고 있다.

형사범죄 건수는 전후 최소였던 1973년 119만 건이, 2002년엔 약 2.4배인 285만 건으로 사상최다를 기록했다. 반대로 용의자 검거율은 거의 반감하는, 전후 사상최악의 치안상태가 됐다. 거기에다 경찰조직의 부정비리, 정보은닉 등 각종 윤리적, 조직적 병폐가 불거져 나와 일반인의 경찰에 대한 신뢰도 떨어졌다.

이후 정부가 범죄경감에 총력을 기울여 형사범죄는 2010년(약 158만 건)까지 8년 연속 감소하고, 검거율도 상승커브를 그리며 통계상으로는 치안이 서서히 개선되고 있다. 그러나 시민들이 느끼는 체감치안은 오사카 초등학교생 무차별 살상사건(2001년), 아키하바라(秋葉原) 무차별 살상사건(2008년) 등 빈발하는 흉악범죄의 영향으로 더욱 나빠지고 있다.

Key word

'안전신화'

버블붕괴 시기의 가장 대표적인 사건은 1995년 3월, 옴진리교 신도들이 일반시민에게 무차별로 맹독화학물질 사린을 뿌려, 6,583명의 사상자(사망 13명)를 낸 도쿄 지하철 사린사건이다. 이 사건은 세계 사건사에서 첫 독가스 무차별 테러사건으로 기록되었다.

사건발생 10일 후엔 옴진리교에 대한 철저한 수사를 강조한 일본경찰 총수인 경찰청 장관이 출근 전 자택 앞에서 피격돼 중상을 입는 사건이 일어났다. 결국 이 사건은 범인을 잡지 못한 채 15년이 지나 2010년 3월로 공소시효가 만료되었다. 1995년은 6천여 명의 사망자를 낸 한신(阪神)대지진(1월)에 이어 이 같은 대형 사건이 잇달아 발생해, 일본이 자랑하던 '안전신화'가 붕괴된 상징적인 해로 일컬어진다.

이후 시민 17명을 살상한 아키하바라 사건 등의 묻지마 살인, 흉악범죄, 가족 간의 엽기적 살인사건 등의 증가에다 건물 및 도로붕괴, 화재 사고 등도 빈발해 일본의 '안전신화'가 여지없이 붕괴됐다는 탄식이 여기저기서 들린다.

일본국회는 미해결상태인 각종 흉악사건의 범인을 잡기 위해 2010년 4월 살인사건의 공소시효(15년)를 폐지하는 형사소송법 개정안을 여야합의로 통과시켰다.

일본사회에 범죄가 늘어난 것은 재일 외국인에 의한 범죄가 급증했기 때문이라는 주장도 있지만, 외국인에 의한 범죄율은 전체 범죄발생 건수의 2% 미만이므로 그 같은 주장은 크게 설득력이 없는 것 같다. 2000년대 중반 중국인 강도단과 나이프 등을 소지한 한국인 무장소매치기들이 날뛰었으나 외국인 입국 시 지문채취, 불법체재단속 강화 등으로 외국인범죄는 2005년(4만 7,865건)을 피크로 2009년엔 2만 7,836건으로 40% 이상 줄어드는 등 감소하는 추세이다.

주로 중국인, 일본계 브라질인 등에 의한 살인사건 등이 잇달아 일어나 외국

도쿄 지하철 사린사건을 지시한
옴진리교 교주 아사하라 쇼고(麻原彰晃)

인에 의한 범죄가 많은 것처럼 비친 측면이 있다.

일본이 선진국이 된 이후 자랑해온 3대 미풍은 치안양호, 교육보급, 사회청결이었다. 그 가운데 청결도 문제가 되고 있다.

일본은 지방 구석구석까지 도로는 물론 골목길도 대부분 포장돼 있고, 청소도 잘 돼 있었다. 그러나 버블붕괴 이후엔 도쿄 등 전국 각 도시 역 주변에 홈리스들이 진을 치고 있고, 도심 공원 등에는 이들이 집단으로 생활하는 텐트촌이 곳곳에 생겨나 있다.

전철 안에도 짐 보따리를 안은 홈리스가 악취를 풍기며 졸고 있어 승객들의 미간을 찌푸리게 하고, 전철역 플랫폼의 쓰레기통을 뒤져 헌 잡지 등을 거둬가는 중년남성도 흔히 보인다. 아파트 단지의 쓰레기장을 뒤져 빈 병이나 깡통 등 재활용품을 챙겨가는 사람도 자주 목격된다.

각종 범죄가 크게 늘고 거리가 불결해지고 있다는 것은, 장기불황으로 사회가 황폐화되고 사람들의 성정(性情)이 험악해지고 있음을 말해 준다. 경제력이 뒷받침되지 않는 안전신화는 사상의 누각임을 버블붕괴 후의 일본이 보여주고 있다.

5

'취직 초(超) 빙하기(氷河期)'

Keyword: **'곤카츠'(婚活)**

'슈카츠'에 적신호

일본에선 '버블경제' 붕괴현상이 나타나기 시작한 1990년초부터 약 10년간 침체가 계속돼 대학졸업생 등의 취직이 가장 어려워진 시기였던 2000년 전후를 '취직 빙하기'(就職 氷河期) 라고 부른다.

이 무렵 취직이 안 된 사립명문대 졸업생이 부모 등 주위사람들을 볼 면목이 없다며 학교근처인 도쿄 다카다노바바(高田馬場) 역에서 플랫폼으로 들어오는 전철에 뛰어들며 자살해 충격을 주었다.

'취직 빙하기'때 정규직을 얻지 못해 파견사원 등 비정규직이 된 젊은 이들은 이후 일본경기가 어느 정도 회복이 된 뒤에도 정사원으로 취직이 안 되는 경우가 많았다. 이들은 일본사회에서 설 자리를 잃어버린 세대로 사회문제가 되고 있다. 2011년 현재 대체적으로 30대인 이들을 매스컴에선 잃어버린 세대라는 의미의 '로스 제네'(*Lost Generation*을 줄인 말) 라고도 부른다.

세계금융위기 이후 회복 가장 느려

일본은 한국과 달리 각종 학교의 졸업식은 3월말에 있고 신학기는 4월초에 시작한다. 기업이나 관청 등의 새 회계연도도 4월 1일부터 시작한다. 이에 따라 매년 4월 1일엔 신입사원이나 신입공무원의 입사식 등이 일제히 열리고, 4월초면 전철이나 거리엔 새 양복을 입은 신입사원 등으로 붐빈다.

매년 봄 대학 4학년이 된 학생들 가운데 취직(입사는 다음해 4월)을 희망하는 학생들은, 3학년 말부터 4학년 초에 회사 등의 기업설명회에 참석하거나 취직원서를 제출하고, 필기와 면접시험을 치르는 등의 취직활동을 본격화한다. 이 같은 '취직활동'(就職活動)을 줄여 '슈카츠'(就活)라고 한다. 대기업은 대체적으로 5월까지는 합격자를 결정, 통보해 준다. 이를 '내정'이라 한다.

일본경제는 2000년대 중반 이후 서서히 회복세를 보였으나 2008년 가을 불어 닥친 세계금융위기 이후 다시 침체의 늪에 빠져 있다. 한국을 비롯한 주요 국가 경제는 상당히 회복되고 있으나 일본경제는 유독 회복이 느려, 일본 국내뿐만 아니라 한국 등 외국에서도 일본경제를 비관적으로 보는 소리가 자주 들린다.

장기화되는 디플레와 엔고현상 등으로 일본의 경기회복이 불투명해지자, 기업들은 인건비 부담을 줄이기 위해 사원채용을 극력 축소하고 있어 고용사정은 악화일로다. 매스컴 등에서는 2010년초부터 '빙하기 재습', '초(超) 빙하기'가 엄습했다고 비명을 질렀고 취직이 안 된 대학생들이 도쿄도심 신주쿠에서 일자리를 달라며 데모를 벌이기도 했다. 그런가 하면 대학 4년생을 위한 취직지원 학원이 도쿄, 오사카(大阪),

일자리를 알아보려는 사람들이 찾는 구직센터

나고야(名古屋) 등 대도시에서 성업중이다.

이 학원에 다니는 수강생들은 취직지원 컨설턴트 출신의 강사로부터 원서작성 요령, 그룹 디스커션, 면접시험 대책 등을 배운다. 수강료는 월 4회에 1만 6천 엔이다.

자녀들의 취직이 힘들자 부모들도 안달이다. 부모들 중에는 자녀에게 "대기업을 노려라", "안정적인 공무원 시험을 보는 것이 좋겠다" 등의 코치에다, 기업설명회까지 쫓아가는 경우도 있다. 자녀취직문제로 좌불안석인 보호자들을 위해 취직정보를 제공하고, 어드바이스를 해주는 유료 세미나를 여는 학원도 있다.

'취직낭인' 증가

불황으로 취직이 힘들어지자 일본 각 대학에 취직재수생을 의미하는 '취직낭인(浪人, 로닝)'이 늘고 있다.

일본어에서 '낭인'이란 말은 본래 관직에 몸을 담고 있지 않은, 민간에 있는 사람을 의미한다. 을미사변(1895년) 당시 주한일본공사 미우라 고로(三浦梧樓)는 경복궁으로 침입할 때 조선에 와 있던 '조선낭인'들을 앞장세워 명성황후를 살해했었다.

현대 일본에선 학교에 적(籍)을 두고 있는 고교 재학생에 비해 재수생들은 이미 졸업해 적을 가지지 않고 있다고 해서 낭인이라 부른다. 재수는 '이치로'(一浪), 삼수는 '니로'(二浪) 식이다.

'취직낭인'이 늘고 있는 것은 졸업한 신분으로 취직시험을 치를 경우 다음해 봄에 졸업하는 재학생('新卒'이라고 부른다)보다 크게 불리해지므로 일부러 졸업에 필요한 학점을 따지 않은 채 재학생 신분을 유지하는 것이 낫다고 판단하기 때문이다. 졸업에 필요한 학점을 이미 다 취득한 경우에도 1년 또는 그 이상 더 재학할 수 있도록 학교가 인정해 주는 졸업유예제도가 있다. 이 경우도 소정의 등록금을 내야 한다.

취직상황이 풀릴 것을 기대하며 휴학하거나 또는 대학원으로 진학하는 경우도 있다. 군대에 가기 위해 휴학하는 경우가 많은 한국과 달리 남자의 병역의무가 없는 일본의 경우 휴학은 대체적으로 유학, 질병 등 개인적인 이유다.

휴학중엔 등록금을 내지 않는 한국과 달리 일본대학의 휴학생은 재학생의 50% 등 상당한 액수의 등록금을 내야 한다. 학생 측이 일방적으로 불리해 보이나, 학생신분을 계속 유지하는 데 따른 비용을 지불해

불황으로 대학생들의 취직이 어려워지자 '취직초빙하기'가 도래했다는 비명소리가 높다. 사진은 도쿄 도심의 횡단보도를 건너는 샐러리 맨 등.

야 한다는 취지에서 학교 측은 등록금을 받는다.

근래엔 경기악화로 취직이 잘 안되자 3학년 가을부터 취직설명회에 참석하는 학생들이 많아져, 대학수업에 지장을 초래하고 유학을 기피하는 요인이 되는 등 사회문제가 되고 있다.

이에 일본정부는 2010년 11월, 각 기업에 (2013년 봄 졸업예정자부터) 졸업 후 3년 동안은 신졸로 인정해 주도록 요청하는 공문을 보냈다. 한국의 전경련에 해당하는 게이단렌(經團連)은 기업설명회를 대학 3학년 수업이 끝나는 12월부터 시작하도록 하는 방침을 정해 가맹회사에 이에 따르도록 통고했다. 그리고 종합상사 등이 앞장서 취직시험을 2012년부터는 4학년 2학기부터 시작하도록 하는 방안을 추진하고 있다.

그러나 각 기업이 기졸업자를 어느 정도 신졸자와 같이 취급해 줄지, 기업들이 4학년 2학기부터 취직시험 시작을 합의한다 해도 지켜질지는 알 수 없다. 우수한 인재를 타사에 앞서 뽑으려는 기업 간의 경쟁으로 취직활동시작 신사협정이 깨진 경우가 과거 여러 차례 있었기 때문이다.

젊은 층 실업률 8%로 가장 높아

일본의 15～24세 연령층 실업자는 약 49만 명으로, 실업률은 8%에 달해 전 세대 평균 5%를 크게 웃돌고 있다(2010년 9월 기준).

이 가운데 학교졸업 후 한 번도 취직이 안 된 사람이 약 12만 명으로, 15～24세 실업자의 약 4분의 1을 차지하고 있다. 25～34세 연령층의 실업률도 5.9%로, 전세대의 평균을 웃돈다. 이는 고용악화가 젊은 층에 가장 심각한 타격을 입히고 있음을 말해 준다. 취업이 된 20～30대의 수입도 계속 줄어들고 있다.

대졸 20～30대의 평균연수(年收)는 2009년도 478만 엔으로 이는 전년도에 비해 4.25% 감소한 액수(후생노동성, 〈임금구조 기본 통계조사〉)이고, 3년 연속 마이너스로 10년 전에 비교하면 34만 엔이 줄어들었다. 이는 각 기업이 실적악화 등으로 봉급과 보너스를 줄였거나 임금이 적은 비정규직에 취업한 사람이 많기 때문으로 분석된다. 15～34세 연령층 중 취직하고 있는 사람 가운데도 비정규직이 30%에 가깝다.

이 같은 와중에 일어난 동일본 대지진의 영향도 있어 2011년 3월 대학졸업생의 취업률(91.0%)은 후생노동성이 조사를 시작한 1997년 이래 최저를 기록했다. 앞서 설명했듯이 이 가운데 정규직 취업률은 60%대이다.

한국에서도 '취직 빙하기'란 말이 수입돼 그대로 사용되고 있지만 '이태백'(이십대 태반이 백수)이라는 유행어가 상징하는, 한국의 고용사정은 일본보다 더욱 심각하다. 청년실업률(15～29세)은 2010년 2월 역대 최악인 10%에다, 최초로 40만 명을 넘어선 뒤 2011년 6월말 현재 청년실업률은 7.6%를 기록하고 있다. 그러나 체감실업률은 훨씬 나쁘다.

Key word

'곤카츠'

사상 최악의 실업률 증가 등 일본 젊은 층의 고용악화는 결혼에도 악영향을 미치고 있다. 2010년 1월부터 12월까지의 12개월간 누계 결혼건수는 약 70만 건으로 사상최저를 기록(후생노동성, 〈인구동태 통계〉)했다. 최근 5년간 71만~73만 건을 유지하던 결혼건수가 급감하고 있는 것이다. 결혼건수의 감소는 30대의 결혼이 주춤하고 있는 데다 20대의 결혼도 줄고 있기 때문이라고 분석된다.

여성의 사회진출 등으로 만혼화경향이 심해져, 2010년의 평균초혼연령은 남성이 30.5세, 여성은 28.0세로 각각 최고령을 기록했다. 30대 남성으로 정사원인 경우 약 60%가 결혼을 했으나 비정규직인 경우 약 30%만이 결혼(총무성, 〈2010년 국세조사〉)하고 있다.

이는 대체적으로 직장과 수입이 안정된 젊은 층은 결혼, 독립이 용이하지만 비정규직이나 수입이 적은 층은 미혼상태에서 부모에 얹혀 지내는 경우가 많음을 말해 준다. 젊은 층의 결혼건수가 줄면 출생률은 줄어든다. 그리고 결혼 후에도 수입이 안정돼 있지 않으면 육아비용 부담 등이 어려워져 출생률은 더욱 낮아질 가능성이 크다. 장래의 불안이 소자화(少子化)에 박차를 가하는 것이다. 출생률이 저하하는 요인은 거의 결혼률의 저조에 따른 것(국립사회보장·인구문제연구소)으로 풀이된다.

메이지 신궁 안에 있는 결혼식장 안내간판

30대 비정규직 남성사원 30%만이 기혼

결혼율 저하에 따른 출생률 저하가 심각해지자 최근 일본에선 미혼남녀가 맞선 파티에 참가하거나 결혼정보서비스 회사에 등록해 취직활동을 하듯이 결혼을 위해 적극적으로 노력하는 '곤카츠'(婚活)가 성행중이다. '결혼활동'(結婚活動)의 약칭이다.

'곤카츠'는 취직활동을 줄인 말인 '슈카츠'에 연관시켜 만든 조어로 2007년, 사회학자와 저출산문제 전문가가 낸 《혼활사회》(婚活社會)란 책에서 비롯됐다.

이후 '곤카츠'는 일본에서 붐을 일으켜, 최근엔 인터넷사이트 광고는 물론 유력 신문에 결혼정보회사의 '곤카츠' 전면광고가 실릴 정도로 관련 비즈니스도 성업중이다. 지방자치단체 등도 결혼율 제고를 위해 미혼남녀가 만나 결혼상대를 찾아보도록 하는 '곤카츠' 모임을 주선하고 있다. 그러나 결혼율은 올라가지 않고 계속 하락중이다.

만혼화, 독신자 증가 등 일본과 비슷한 사회현상이 일어나는 한국에도 이 용어가 직수입되어, '혼활 맞선', '혼활 캠프' 등으로 사용되고 있다. 최근 한국에선 불황으로 남대생보다 여대생의 취업이 더욱 어려워지자, 취업을 포기하고 아예 결혼을 서두르는 현상이 나타나고, 그런 현상을 일컬어 '취직'과 '시집가다'에서 한 자씩 따 '취집'이라는 조어가 만들어졌다.

일본 여대생의 취업률은 남자 대학생보다 대체적으로 2~3% 정도 떨어진다. 일본의 여대생 중에도 어려운 취업보다 좋은 상대를 골라 결혼하는 것이 더 나을지 모른다며 곤카츠에 적극적으로 나서는 경우도 나타나고 있다. 한국의 '취집'과 같은 현상이다.

• 제2부 •

인류사상 첫 '노인국가'의 등장

6 소자 고령화 사회

4개의 큰 섬(혼슈, 시코쿠, 규슈, 홋카이도) 등으로 이루어진 일본은 면적이 37만 8천 ㎢로 한반도(22만 2천 ㎢)의 약 1. 7배, 한국(9만 9천 ㎢)보다는 약 3. 8배 정도 크지만, 주요 선진국 중에서는 영국(24만 4천 ㎢)과 함께 가장 작은 편에 속한다. 그러나 인구는 1억 2, 736만 명(2011년 1월, 총무성 추계인구)으로 세계 10위인 만큼 적은 편은 아니라고 할 수 있다.

문제는 2000년대 중반부터 일본이 전체인구에서 차지하는 어린이수 비율은 세계에서 가장 낮고, 65세 이상 고령인구 비율은 세계에서 가장 높은 '노인국가'가 되고 있다는 사실이다.

일본은 1960년대 세계 2위의 경제대국으로 선진국이 된 이래 여성의 사회진출확대, 핵가족화, 생활패턴의 변화에다 장기불황 등으로 인구는 2004년 1억 2,778만 명을 피크로 계속 감소되고 있다.

여성 1명이 생애에 낳는 평균 어린이수를 의미하는 합계특수출생률

일본은 어린이수는 줄어들고 노인은 늘어나는 '소자 고령화' 현상이 심화되고 있다. 사진은 소풍 나온 유치원 어린이들

의 경우 일본은 전후 베이비붐이 일었던 1947년 4.54에서 10년 후 절반 이하로 떨어진 뒤, 1990년대 전반엔 1.5, 2005년엔 1.26으로 사상최저를 기록했다. 이후 약간 회복돼 1.30대(2010년 1.39)에 머물고 있다.

그러나 전체인구는 2006년 첫 자연감소(출생자에서 사망자를 뺀 수)를 기록한 이래 2010년 자연감소 최대(12만 3천 명)를 기록하는 등, 계속 감소하고 있다.

이같이 저출생으로 아이들 수가 감소하는 현상을 일본은 '소자화'(少子化)라고 한다. 이 소자화 현상은 장기 불황으로 미혼율이 증가한 데다, 기혼의 경우도 자녀수가 한 자녀, 또는 무자녀 등으로 가구당 출생이 종전보다 줄어든 것이 원인이다.

일본은 이같이 아이들이 줄어드는 반면 고령자가 급증하는 현상이 심화되고 있는데, 두 현상을 합쳐서 '소자 고령화'라고 부른다.

일본인구, 2100년엔 현재의 절반 이하로

현재의 인구를 유지하기 위해 필요한 합계특수출생률은 2.07 정도로, 그 이하인 나라는 장래의 인구가 줄어든다는 것이 인구학의 정설로 돼 있다.

일본이 현재와 같은 출생률과 사망률에 큰 변화가 없을 경우 후생노동성의 인구동태 통계(2006년 실시)에 따른 장래 추계인구는 2046년에 1억 명 이하로 떨어지고, 2055년에는 9천만 명 이하, 2070년엔 현재 인구의 절반 이하인 5천만~6천만 명으로 줄어든다. 일본인구의 피크(1억 2,778만 명) 때와 비교하면 격감하는 추세다.

총인구보다 더 빨리 감소하는 생산연령인구(15~64세)는 1996년 첫 감소에 들어간 뒤 매년 1.2% 정도씩 감소해 2010년 국세조사 추계에선 8,073만 명으로 줄었다. 현재의 약 8천만 명은 2055년엔 절반수준까지 줄어들 것으로 추계된다.

이 추계에서 더욱 주목되는 것은 어린이수(0~14세)의 격감이다. 14세 이하 인구는 2005년 국세조사에서 1,758만 명이었으나 2010년 국세조사에선 1,679만 명(총인구의 13.2%)로 국내 최저기록을 경신하며 2회 연속 세계 최저기록을 세웠다. 어린이수는 점점 감소해 2030년엔 1,115만 명, 2055년에는 751만 6천명으로 줄어들 것으로 추계된다.

반대로 65세 이상의 고령자는 계속 늘어나 2010년 국세조사에선 사상 최다인 2,944만 명으로 전체인구의 23.1%를 차지하면서 역시 2회 연속 세계 최고기록을 수립했다. 고령자 인구는 2030년엔 3,667만으로 늘어나 인구의 30.8%를 점할 것으로 추계된다.

일본의 이 같은 소자 고령화현상에 의한, '노인국가'화는 전쟁 등에

의하지 않고는 인류가 현재까지 경험하지 못한, 사상 처음 있는 일이다. 일본의 케이스는 고령화 등 비슷한 현상이 일어나고 있는 한국 등 다른 나라에 중요한 참고자료가 된다.

국민연금 미납률이 40%대 넘어

일본이 당면한 소자 고령화 현상에 따른 가장 큰 사회문제는 연금제도와 의료보험이다. 각종 연금・보험료를 불입하는 젊은 층은 줄어들고, 연금을 타는 고령자는 늘어나 연금을 감액하거나 불입금을 증액해야 한다.

1950년엔 65세 이상 고령자 1명을 생산연령인구 약 10명이 부담했으나, 2010년엔 약 3명, 2050년엔 약 1.2명으로 줄어들 것으로 추계(국립사회보장・인구문제연구소)된다. 이 같은 인구구도에선 현역세대의 부담이 과중하게 돼 현행 의료・보험제도를 유지하기 힘들 것으로 분석된다.

현재와 같이 불입금이 계속 줄어들 경우 2030년엔 봉급생활자가 가입해 내고 있는 후생연금의 적립금이 고갈돼 제도자체가 파탄할 가능성이 높다는 전문가들의 지적도 있다. 벌써, 자영업자 등이 가입한 국민연금의 경우 보험료 미납률이 2010년 사상 처음 40%대를 넘어섰고, 직장을 구하지 못한 경우가 많은 20대와 30대 초반은 미납률이 거의 50%대에 달하고 있다.

의료보험이 한국과 마찬가지로 국민개보험 제도인 일본은 소자 고령화현상이 심화될수록 보험부담은 계속 높아져 가계를 더욱 압박하고, 고령자의 의료부담률(현재 70세 이상은 의료수가 부담 10%)도 70~74세까지는 20%로 인상하는 방안을 검토하는 등 점차 높아질 것으로 예상된다.

인구감소는 대도시와 농촌 간 지역별 인구격차를 가져오는 한편, 가족형태에도 큰 변화를 가져오고 있다. 일본은 최근까지만 해도 결혼한 부부가 2명의 자녀를 가지는, '한 가정 4인 가족'이 표준모델이었다.

그러나 2010년 국세조사에서 사상 처음으로 독거세대가 31.2%

(1, 588만 가구) 로 가족유형별 분류에서 1위를 차지했다. 독거세대가 '부부와 어린이가 있는 세대'(28. 7%) 를 처음 넘어서 일본의 종래의 가족제도가 붕괴되고 있음을 보여준다. 미혼자와 고령자의 증가가 독거세대의 증가를 가져온 것으로 풀이되며, 소자 고령화현상이 더욱 심화되고 있음을 보여준다. 한 가구당 가족 수도 2. 46명으로 역대 최저를 기록했다.

30대 초반 남성 절반이 미혼

결혼건수(2010년 약 70만 6천 건, 전년비 약 2천 건 감소)도 계속 하강추세인 가운데 결혼연령도 점차 늦어지는 만혼화(晩婚化) 현상이 심화되고 있다.

2010년 국세조사에 따르면 남성 30~34세의 미혼율은 46.5%로 거의 절반이 미혼이다. 여성 30~34세의 미혼율은 33.3%로 3분의 1이 미혼이다. 30대 초반 남성 미혼자의 절반 정도는 부모와 같이 살고 있고 여성의 경우는 약 30%가 부모와 동거하고 있다.

이는 만혼화 경향에다 일본 경제사정이 악화되면서 30대 미혼자 중 부모들에 얹혀사는 케이스가 급증하고 있기 때문인 것으로 풀이된다.

전술했듯이 소자화의 가장 직접적인 원인은 미혼화(未婚化) 때문이다. 결혼한 부부가 낳는 아이 수는 크게 감소하고 있지 않다는 것이 전문가의 분석이다.

© Yonhapnews

일본여성이 기모노를 입고 결혼식을 준비하는 모습

동아시아 국가 출생률 저하 공통된 현상

미국이나 북서유럽 국가는 성인이 되면 부모를 떠나 독립하는 것이 보통이다. 이들 나라에서는 방세나 광열비 등을 감안할 때, 저수입의 남녀는 혼자 사는 것보다는 같이 사는(대체적으로 미국에선 결혼, 프랑스나 북구에선 동거) 것이 경제적으로 도움이 된다. 남녀가 같이 사는 동안 아이가 태어나고, 맞벌이나 사회보장 등으로 어떻게든 아이를 키워나간다. 따라서 이들 국가에선 출생률이 크게 떨어지지 않는다.

그러나 중국, 북한을 제외한 동아시아 국가에선 사정이 다르다.

일본 이상으로 한국은 합계특수출생률이 1.08(2005년)까지 떨어져 세계 최저수준을 기록했고 타이완, 싱가포르 등도 출생률 저하에 미혼율도 급속히 늘어나고 있다.

이 같은 나라들에서는 일본과 마찬가지로 부모와 동거하는 미혼자가 많다. 즉, 수입이 불안정한 남성은 미혼상태로 부모와 동거한 채 나이를 먹어가고, 수입이 불안정한 여성은 저수입의 남성과 결혼해 고생하기보다는, 고수입 남성과의 만남을 기대하며 부모 집에서 그냥 살아가는 경우가 많은 것이다.

동아시아 국가에서 이 같은 현상이 일어나는 것은 서구제국과 달리 부모와 자식이 결혼 전까지는 같이 사는 동양전래의 가족제도의 영향이 아직 남아있기 때문이다.

소자화 대책 실패의 이유

왜 일본은 소자화 대책에 실패했는가?

일본의 출생률은 오일쇼크 직후인 1974년 2.1을 밑돈 이후 2000년대 후반까지 30년 이상 계속 하락했다. 특히 1990년 6월 발표된 인구동태통계에서 전년도 출생률은 1.57로 1966년〔간지로 병인(丙寅) 년인 이해에 태어난 여자아이는 '팔자가 드세다' 등의 미신이 있어 출생률이 격감〕의 1.58을 밑돌았다. '1.57 쇼크'로 불린다. 그러나 일본전체가 버블에 들떠 있던 당시, 인구감소가 경제성장을 저해하는 등 국가의 장래에 심각한 부작용을 초래할 것이란 일부학자의 경고는, 버블시대의 번잡함 속에 묻혀 버렸다.

소자화가 경제와 생활에 치명적 영향을 미칠 것이란 인식을 정치인과 관료, 경영인 등이 좀더 빨리 가졌더라면 일본의 소자화 대책은 달라졌을 것이다. 그러나 1990년대 초반, 당시엔 소자화 대책이란 말 자체가 아예 없었고, 다소 먼 장래의 일인 인구문제보다는 당장 발등의 불인 금융파탄처리 등이 시급했다.

정부부처 중에 소자화 문제에 가장 먼저 반응한 것은 재정과 세수에 악영향을 가져올 것으로 판단한 대장성(현재의 재무성) 이었다. 총리실을 움직여 대책마련에 나섰다.

그러나 일부학자와 매스컴이 제동을 걸고 나섰다. "여성은 경제의 도구가 아니다", "집에 틀어박혀 애나 낳으면 좋다는 말인가"… .

소자화 대책에 대한 산업계의 반응도 시원치 않았다. 기업 내 보육소 설치나 육아휴가제도 등을 만들어 여성이 아이를 키우면서 직장생활을 할 수 있는 환경을 만든다는 발상은 거의 없었다.

일부의 낙관론도 소자화 대책을 더디게 했다. 5년에 한 번 행해지는 인구조사추계에서 여성의 만혼경향이 곧 시정될 것이란 사회학자등의 분석의견이 받아들여졌다. 그러나 현실은 반대로 갔다. 즉, '결혼하고 싶다는 여성은 많으나, 항상 좋은 상대라면 결혼한다는 조건을 달고, 그 조건도 매년 올라만 가는 상황'(인구심의회 멤버의 분석)이 전개돼, 만혼경향은 더욱 심해져 갔다.

앞서 언급했듯이, 15~64세의 생산연령인구는 총인구 감소보다 10년 정도 빠른, 1990년대 중반을 피크로 감소하기 시작했다. 근로자이면서 소비자이고, 또 세금과 보험료의 부담자로 가장 중추적인 역할을 담당할 세대가 매년 감소해감에 따라 일본은 뒤늦게 소자화의 문제점을 깨닫기 시작했다.

'소자화는 유사 이래 미증유의 사태'

2003년에 들어서야 소자화 문제의 심각성을 깨달은 일본정계는 대책법안 마련에 나섰다. 자민당과 공명당 연립정권 시절이던 이해 7월, 여야는 합동으로 소자화 사회대책기본법을 제정했다. 이 법안은 소자화를 '유사 이래 미증유의 사태'로 규정하고, 아예 '가정과 육아의 꿈을 가질 것을 국민의 책무'로 명기해 개인 가치관에 대한 인권침해라는 지적도 받았다.

당시 이 법안 성립을 주도했던 나카야마 타로(中山太郎) 전 외상(자민당)은 "우수한 국민이 있다 해도, 수가 줄면 국력을 보전하기 힘들다. 그 생각뿐이었다"고 후일 회고했다.

이 법안에 의해 소자화 담당대신 자리가 신설됐고, 내각에 전 각료로 구성되는 대책회의(의장은 총리)도 설치됐다.

자민당 정권은 2009년까지 출생을 장려하기 위해 출산수당에다 18세까지 한 사람당 한 달 5천 엔의 아동수당을 지급해왔다.

민주당은 2009년 총선거에서 아동수당을 중학생까지 2만 6천 엔으로 인상한다는 공약을 내걸었다. 집권 후 재정난을 이유로 일단 1만 3천 엔을 지급했고, 2011년 4월부터는 인상한다는 계획이었으나 동일본대지진으로 정부재정이 압박을 받자 10월부터 3세 미만 1만 5천 엔, 3세 이상 중학생까지 1만 엔(부모의 연수가 960만 엔 이하인 경우로 제한) 등으로 개정했다.

출생률을 올리기 위해 보육시설 확충, 초등학교까지 의료비 무료 등의 육아지원뿐 아니라 각 지방자치단체는 결혼율을 올리기 위한 미혼남녀의 미팅을 주선하는 등 안간힘을 쓰고 있다.

육아책임을 여성에게만 지게 해서는 소자화 현상이 해결이 안 되므로 육아책임은 부부 모두가 지고 사회가 뒷받침해 준다는 취지에서 아이가 태어난 경우 남성들에게도 육아휴가를 주고 근무시간을 줄여주는 법안도 마련되었다. 그러나 출생률은 회복되지 않고 인구는 줄어들고 있다.

일본의 외국인 노동자 불과 0.3%로 최저

일본의 소자 고령화 현상은 다른 선진국과 공통되는 측면도 있지만 세계최장수국가로 노인인구가 급증하는 데다, 이민이 극소수인 점이 다른 나라와 다르다. 일본 특유의 이 같은 인구구조는 장기침체의 가장 중요한 한 원인일 뿐 아니라 일본의 장래에 심각한 불안요인으로 지적된다.

일본 내 외국인은 식민통치기 이래의 재일한국(조선)인과 그 자손을 포함해 총인구의 2%에도 못 미치는 약 213만 명(일본 법무성 통계, 2010년)에 불과하다. 거기에다 일본 내 외국인 노동자는 40만 명 이하로 총인구의 0.3%다.

이는 1950~1960년대부터 적극적으로 이민과 외국인노동자를 받아들인 독일(9.4%), 영국(7.8%), 프랑스(5.6%) 등 선진각국의 외국인 비율과 큰 차이가 있고, 한국(2.2%)보다도 낮은 수치(OECD, 국제이민 2010년 통계)다.

일본정부는 전문적 지식이나 기술을 가진 고급 외국인력을 적극적으로 받아들인다고 강조하지만 별다른 진전이 없다. 일본에 유학 온 외국학생들은 졸업 후 일본기업에 취직하기가 힘들기 때문이다. 도쿄증권거래소 1부에 상장돼 있는 기업 중 외국인 사원의 비율은 한 회사당 0.26%(2010년도)에 지나지 않는다. 일본사회의 폐쇄성을 웅변해 주는 수치다. 일본사회엔 "불황으로 일본인도 취직하기 힘든데, 왜 외국인을 일본기업체가 받아들이냐"는 사고방식이 강하다.

일본인들은 자신들이 단일민족(單一民族)이라고 강조하지만 고대시대 중국과 한반도 등에서 일본열도로 건너온 사람들을 의미하는 '도래

일본거주 베트남인들의 행사

인'(渡來人)도 있고, 피부가 까무잡잡하고 머리가 곱슬머리인 '남방계'(南方系)에다, 홋카이도(北海道)에 살던 아이누족 등 여러 종족의 피가 섞여 있다.

일본이 당면한 장기침체로부터 벗어날 수 있는 길은 인구증가 없이는 거의 불가능한 것으로 보인다. 현재와 같이 계속 일본인들의 인구가 줄어드는 상황에서 인구를 늘리려면, 다른 선진제국처럼 외국인을 이민이나 노동력으로 받아들이는 길밖에 없다.

그러기 위해서는 일본인들은 외국인과 공존해나간다는 인식의 전환과 함께 외국인이 일본에서 차별받지 않고 살아갈 수 있는 제도와 환경을 적극적으로 만들지 않으면 안 된다.

최장수국가의 사각 …고령자 불명사태

7

Keyword: '무연사'(無緣死)

일본, 100세 이상 현재 약 4만 명

세계보건기구(WHO)가 2009년 실시한 세계 각국 평균수명 조사(2011년판 《세계보건통계》에 수록)에 의하면 일본인의 평균수명은 83세로 세계 1위다. 일본인 여성은 86세로 26년 연속 세계 1위다. 공동 2위는 스페인과 프랑스로 85세다. 일본남성은 80세로 1위 산 마리노(82세)에 이어 스위스, 아이슬란드와 함께 공동 2위다.

1970년대 이후 영유아 및 노년층의 사망률 저하 등으로 선진국의 평균수명이 비약적으로 늘어나는 가운데, 일본인들은 소식(小食)과 해산물 중심의 일본 특유의 균형 잡힌 식생활, 양질의 선진 의료제도, 1945년 패전 이후 전쟁에 관계하지 않은 점 등이 세계최장수국가가 된 요인으로 분석된다.

백수(百壽)를 누린다는 것은 고대 이래 인간의 오랜 염원이었으나 보

일본은 국민들의 평균수명이 세계에서 가장 긴 최장수 국가다. 사진은 양로원에서 생활하는 할머니들.

건위생 열악, 의료환경 미비, 영양부족, 전쟁 등으로 100세까지 사는 것은 근대까지는 극히 드문 일이었다. 일본에선 수명관련 통계를 처음 작성한 1963년 153명에 불과했던 100세 이상이, 1981년 사상 첫 천 명 이상을 기록했다. 이후 일본사회의 고령화가 급속히 진행되면서 100세는 더 이상 진기한 사례가 아니게 됐다.

1992년 100세를 맞은, '킨(金) 상', '긴(銀) 상' 할머니란 애칭으로 불렸던 쌍둥이 자매가 건강하게 생활하는 모습이 매스컴에 소개돼 화제가 됐다. 이들 자매는 TV 광고에도 나오는 등 상당한 인기를 끌었고, 한국 TV 등에도 소개되었다. 1998년, 100세 이상은 1만 명을 넘어섰다.

2010년 국세조사에 따르면 65세 이상이 2,944만 명으로 전체인구의 23.1%를 차지하는 가운데 100세 이상은 무려 4만 4,449명으로 증가했다. 이 중 여성이 약 3만 5천명이다.

한국에도 널리 알려진 세계최다 홈런(868호) 기록 보유자인 오 사다하루(王貞治) 선수의 어머니(일본인, 아버지는 중국인)가 2010년 8월, 108세로 사망했다는 보도가 있어 장수국가 일본을 실감케 했다

111세 자택에서 백골로 발견

일본에 유례없는 혹서(酷暑)가 계속되던 2010년 여름, 100세 이상 고령자 수백 명의 소재를 알 수 없는 전대미문의 사태가 일어나 충격을 주었다.

고령자 소재불명 사태의 발단은 이렇다. 이해 7월 26일, 도쿄(東京) 아다치(足立)구에 살고 있는 전국에서 두 번째 고령자라고 알려진 111세 노인이 자신의 방에 백골상태로 있는 것이 구청직원과 경찰에 의해 발견됐다. 방안에는 1978년 11월 5일자 신문이 그대로 놓여 있어, 사망일자는 그 해 11월 말경으로 추정됐다.

이 집에 살고 있는 노인의 장녀는 아버지가 사망한 후에도 사망신고를 하지 않은 채, 그동안 각종 연금 약 950만 엔과 구청에서 나오는 장수축하금 등을 받아 챙겼다. 연금은 본인이 행방불명이라도 사망신고서가 제출되지 않는 한 본인통장으로 지급되고, 통장을 관리하는 가족들은 그 연금을 빼내 쓸 수 있다. 이 딸은 나중 사기혐의 등으로 기소됐다.

보도에 놀란 전국 각 자치단체는 관내의 100세 이상 고령자의 소재 확인에 나선 결과 그동안 도쿄도의 최고령자로 알려졌던 스기나미(杉並)구의 113세 여성을 비롯, 전국 여기저기서 불명자가 속출했다.

이 과정에서 숨진 부모 등의 유해를 집안에 보관하면서 연금 등을 받아온 여러 건의 '백골보관' 사건이 드러났다. 불명자들은 주소지에 등재는 돼 있으나 실제는 거주하지 않은 채, 가족 간에 수십 년간 연락이 두절돼 행방을 알 수 없는 경우가 대부분이었다.

고령자에 대한 자치단체 등 일선 행정기관의 관리에 큰 구멍이 뚫려 있는 데 놀란 후생노동성은 우선 110세 이상 연금수령자의 대면조사를 실시하도록 각 자치단체에 지시했다. 이 과정에서 살아 있으면 148세, 186세 등에 이어 200세가 되는 1810년생까지 호적에 그대로 남아 있어 주민관리에 큰 문제가 있음이 드러났다.

육친의 생사에 관심 없는 자식들

고령자 불명사태가 일어난 지 3주 남짓 사이에 100세 이상 불명자는 280여 명으로 눈덩이처럼 불어났다. 소재불명자들은 전국 47개 도도부현(都道府縣) 가운데 특히 효고(兵庫) 현, 오사카(大阪) 부, 교토(京都) 부, 도쿄도 등 대도시 지역에 집중돼 있었다. 반면 주로 농어촌 지역인 26개 현에는 한 명도 없었다.

대도시 지역에 핵가족화가 급속히 진행돼 혼자 사는 노인이 많고, 주민들 간의 교류도 거의 없는 것이 소재불명 고령자가 많은 원인으로 지적된다. 자식들이 부모나 조부모가 어디에 살고 있는지 관심이 없고, 또 죽었는지 살았는지도 모르는 경우가 이번 사태로 300건 가까이 드러난 것이다. 자식들은 소재불명인 것을 알면서도 경찰 등에 신고조차 하지 않고 있는 경우가 대부분이었다.

일본은 한국보다는 유교의 영향이 적지만, 그래도 효(孝)란 동양적, 유교적 가치관이 존중되고 강조되던 나라 중의 하나였다고 할 수 있다. 그런 나라에서 자식으로서 육친에 대한 최소한의 도리마저 저버리는 이 같은 사태가 수백 건이나 드러난 것은 충격적이었다.

2010년 현재 일본의 100세 이상 고령자는 4만 4천여 명으로 소재불명자는 3백 명 미만이므로 전체 고령자의 1% 미만이다. 이 사태 후 전국적으로 실시한 75세 이상 연금수령자의 소재파악 조사결과, 소재가 불명인 사람은 553명으로 집계(2011년 2월)됐다. 따라서 고령자 불명사태는 부분적인 현상이라고 말할 수도 있다. 그러나 이같이 소재조차 파악되지 않는 경우가 5백여 명에 이르고 있음은, 결코 가볍게 볼 수 있는 사안은 아니다.

고령인구가 급증하고 있는 일본은 노인의료 및 복지문제가 심각한 사회현안이 됐다.
사진은 우동을 먹고 있는 일본인 노인 부부

거기에다 죽고 난 뒤 장사를 지내고 유골을 챙겨줄 가족, 친척 등이 아무도 없는 '무연사'(無緣死) (Keyword 참조)가 한 해 3만여 명에 이르고 있음이 매스컴의 보도로 드러났다. 이 같은 사실은 현재 일본이 가족관계는 물론, 혈연, 지연 등의 공동체가 단절, 붕괴돼가는 사회임을 말해 주는 증거다.

일본은 본래 혈연, 지연 외에 종교(신도, 불교) 등으로 연결된 공동체가 강했던 사회였다. 그러나 산업화, 개인주의 등으로 서구에서 나타나는 것과 같은 공동체의 붕괴, 약화현상이 심화되고 있는 것이다.

산업화, 도시화에 따라 이웃과도 단절

일본에선 1970년대까지만 해도 조부모, 부모, 손자 등 3대가 같이 사는 대가족제도가 보통이었다. 그러나 급속한 산업화, 도시화에 따라 1980년대 이후엔 미혼, 기혼을 불문하고 성인이 된 자식들은 대체적으로 부모와 떨어져 사는 핵가족화가 진행되고 있다. 거기에다 2010년 현재 65세 이상 고령인구 2,944만 명 가운데 약 17%는 독거세대(501만 명)다. 이에 따라 가족, 친척관계도 점차 소원해지고 있다.

이와 함께 이웃주민들과의 소통이, 특히 대도시에선 전혀 이뤄지지 않는 현상이 일반화되고 있다. 여기에는 전술했듯이 남에게 폐를 끼치면 안 된다는 '메이와쿠 문화'도 작용하고 있다.

앞서 자택에서 백골로 발견된 111세 노인의 경우도 이웃 주민들은 이 노인이 사망했다는 사실을 눈치채고 있었지만, 구청 등에 신고하는 것은 그 자식들에게 '메이와쿠'를 끼치는 것이라 생각하고 수십 년간 입을 다물고 있었던 것이다.

고령자 소재불명 사태가 연일 매스컴에 보도되는 동안 오사카에선 클럽 호스티스로 일하는 여성(23세)이 세 살, 한 살의 두 자녀에게 2개월여 동안 밥도 물도 주지 않은 채 집에 방치해 굶어 죽게 한 충격적인 사건이 발생했다. '엄마'를 찾으며 울부짖는 소리를 같은 원룸맨션에 사는 주민 80여 명 중 10여 명이 들었다고 한다.

그러나 단 한 사람만이 후생노동성 산하의 아동보호소에 익명으로 세 차례 전화신고를 했을 뿐이었다. 그때마다 아동보호소 관계자가 그 집을 찾아가 인터폰으로 연락했으나 아무 반응이 없어 발길을 돌렸고, 아이들은 결국 숨졌다. 사건이 알려진 후 일본 매스컴의 취재에 한 주민은 "아이의 울음소리를 들었으나 어디에 신고해야 하는지도 몰랐고, 만약 신고했다가 별일이 아닐 경우 그 집에 '메이와쿠'가 돼 원한을 살지도 모르기 때문에 신고하지 않았다"고 말했다.

이같이 일본에선 가족, 이웃 간의 공동체가 단절, 붕괴되는 현상이 심화돼 각종 사건, 사고와 연결되는 사례가 늘고 있다.

Key word

'무연사'

80년대까지만 해도 일본인들은 대부분 가족과 함께 살다가 가족들이 지켜보는 가운데 사망했다. 자식이 없는 경우엔 형제나 조카 등 친척이 인생의 마지막을 돌봐 주는 사회였다.

그러나 일본은 소자 고령화의 영향으로 점차 가족, 친척과도 연락이 두절된 상태의 고립된 독신자가 증가하는 사회가 되고 있다. 그리고 혼자 살다가 아무도 모르게 죽어가 장사를 지내줄 사람도, 유골을 거두어 줄 사람도 없는 '무연사'(無緣死)가 급증하고 있다.

이 같은 현실을 보도한 NHK의 〈무연사회: 무연사 3만 2천 명의 충격〉 (2010년 1월 방영) 특집은 일본사회에 큰 충격을 주었다. 무연사는 '고독사'(孤獨死)라고도 한다.

NHK의 취재에 따르면 전국에서 연간 약 3만 2천 명이 무연사를 하고 있고, 그 가운데 자살이나 행려자 등 신원조차 파악할 수 없는 사망자가 연간 약 천 명을 넘고 있다는 것이다. 일본사회가 무연사회화하고 있는 원인은 전술했듯이 급격히 진행되는 고령화, 독거노인의 증가, 가족관계의 붕괴, 이웃 간의 교류단절 등이다.

독거세대의 비율은 2005년의 29.5%에서 2010년 국세조사에선 31.2%로 나타났고, 2030년엔 37.4%에 이를 것으로 추계돼 종래와 같은 가족을 중심으로 한 세대구성은 급속히 붕괴될 것임을 예고하고 있다. 특히 65세 이상 고령자의 독거세대수는 2000년 약 300만 세대에서 2010년 약 501만 세대로 10년 만에 67%가 늘어났다.

전후 일본사회는 경제성장을 최우선으로 한 기업중심의 사회로, 사원들은 대체로 회사일을 최우선으로 하는, 흔히 '회사형 인간'으로 불려왔다. 회사일밖에 모

일본의 절안에 있는 묘지에 세워진 비석들

르고 회사 내부의 사람들 이외엔 인간관계를 거의 맺지 않던 이들 '회사형 인간'(주로 남성)들이 정년 후 지역과 가정에서 고립되는 경향이 많이 발생하고 있다.

종래의 지연·혈연·사연(社緣) 등을 중심으로 한 인간관계가 단절, 희박해지고 있는 것이 무연사의 증가로 나타나고 있는 가운데 젊은 층들에게도 '장래 나도 무연사 할지 모른다'는 위기감을 던져주고 있다.

8 무기력한 젊은이들 …

Keyword: '히키코모리'

'우치무키' 성향의 심화

일본인들은 같은 마을, 같은 조직, 외국에 나가서는 같은 일본인끼리만 뭉치는 성향이 있다. 울타리 밖의 사람들과 사귀고, 교류하는 것을 체질적으로 꺼려하는 내향적인 성향이다. 이를 '우치무키'(內向き) 라고 한다. 버블붕괴 후 이 같은 성향이 더욱 심화되고 있다.

현재의 일본 젊은이들은 세계 2위의 경제대국에다 1945년 패전 이후는 전쟁을 체험하지 않은, 풍요로운 환경에서 평화를 만끽하는, '평화만복'(平和滿腹) 으로 불리는 시대를 살아왔다. 젊은 세대들은 대체적으로 그들의 조부모 또는 부모세대들이 경험했던 고난과 인내라든지, 도전과 모험 같은 것은 더 이상 필요 없다고 생각한다.

일본자위대는 지원제인 만큼, 일본청년들이 한국 등 징병제 국가처럼 군대에 가서 고생하는 일도 없다. 일본 매스컴은 대체적으로 군대생활을 마친 한국청년들이 정신적으로나 육체적으로 일본청년보다 성숙하고, 또 강하다고 말한다. 거기에다 버블붕괴 후의 심각한 취업난과 격차는, 일본의 젊은 층을 좌절시켜 더욱 나약하고, 무기력하게 만들고 있다.

일본에선 학교를 졸업하거나 중퇴한 후 아무 일도 하지 않거나 아르바이트 또는 파트타임으로 일하는 사람을 '후리타'(*Freeter*) 라고 한다. 그 수는 2010년말 현재 수백만 명에 이른다. 후리타가 이처럼 많은 것도 문제지만 그에 못지않게 심각한 문제는 젊은이들 가운데 '히키코모리'(引きこもり) (Keyword 참조) 가 급증(2010년, 약 70만 명) 하고 있다는 점이다. 집이나 자기 방에서 생활하며 밖으로 나오지 않는 젊은이를 '히키코모리'라고 부른다. 한국에선 '은둔형 폐인', '외톨이' 등으로 번역한다.

“훌륭한 사람이 되고 싶지 않다”는 일본 젊은이들

일본 청소년연구소가 한국, 미국, 중국, 일본의 고교생을 대상으로 한 의식조사(2007년)에서 ‘장차 훌륭한 사람이 되고 싶지 않다’는 비율이 일본학생은 다른 3개국의 평균보다 3배 이상 높은 것으로 나타났다.

이는 ‘훌륭한 사람이 될 경우 책임만 많아져 손해만 본다’, ‘아무런 책임감 없이 편하게 사는 것이 가장 좋다’는 의식을 갖고 있는 학생이 일본에 가장 많은 것을 의미한다. 그저 ‘평범하게 살아가는 것이 좋다’는 의식이다. 일본 젊은이들의 인생 목표는 그냥 ‘즐기는’ 것으로 바뀌었다. 이 같은 일본 젊은이들의 의식을 반드시 나쁘다고 할 수는 없다. 그러나 어려움을 이겨내고 목표를 향해 끈질기게 노력하는 정신과 자세가 현저히 약해진 것은 젊은이로서 문제다.

‘국내의 일류대학에 진학하고 싶다’는 비율도 일본이 4개국 중 최하위다. 고도성장기엔 좋은 대학을 나와 일류기업에 들어가면 종신고용이 보장됐다. 그러나 버블이 붕괴되면서 일본사회 구조는 크게 변했다. 일류기업에 들어가도 종신까지 보장되지 않기 때문에, 좋은 대학과 일류기업이 반드시 고교생의 선망의 대상이 아니게 됐다. 이 밖에 ‘높은 사회적 지위에 도달하고 싶다’, ‘부자가 되고 싶다’, ‘자신만의 독자적 특기를 갖는다’는 항목에서도 일본 젊은이들이 가장 낮은 비율로 나타났다.

학력 하강은 '유토리 교육'의 폐해(?)

일본 젊은이들이 무엇 하나 부족할 것 없는 풍요로움과 편안함 속에서 잃어버린 것 중의 하나는 경쟁심이다. 대학이 넘쳐나 공부하지 않고도, 쉽게 대학에 들어갈 수 있게 됐다. 즉, 대학정원이 소자화현상으로 숫자가 줄어든 고교생보다 많아져, 고교졸업생 전원이 대학에 들어갈 수 있는 '전입제(全入制) 시대'가 된 것이다.

대학정원 숫자만으로 보면 대학이 수험생을 선발하는 것이 아니라, 대학이 수험생에게 선택되는 시대다. 그래서 일본학생들은 그들의 부모세대처럼 공부를 열심히 하지 않아도 대학에 들어갈 수 있어 학력이 현저히 떨어져, 각종 국제학력 테스트에서도 성적이 나쁘다고, 일본 매스컴과 교육관계자들은 탄식하고 있다.

일본은 2002년부터 초·중·고등학교에서 여유를 가지고 '기초적인 학력을 확실히 몸에 익혀 스스로 배우는 힘 등을 키운다'는 이른바 '유토리(ゆとり) 교육'으로 완전 주 5일제 수업이 됐다. 이에 따라 수업시간이 줄고, 교육내용도 종전에 비해 약 3할이 삭감됐다.

이 유토리 교육이 학력저하를 불러온 원인 중 하나로 지적돼 2011년 봄학기부터는 학습내용을 늘리고 있다. 이 방침을 정하는 데만 수년이 걸렸다. 그러나 주 5일제는 바뀌지 않은 채여서, 학습내용을 늘리기 위한 수업시간이 확보되지 않아 소기의 목표를 달성할 수 있을지는 미지수다.

유토리 교육이 이유인지 정확히 규명되지는 않았지만, 학력테스트에서 나타난 일본학생들의 학력은 하강추세다.

OECD(경제협력개발기구)가 3년마다 세계 15세(선진국에서 의무교육인 중학교를 졸업하는 나이)의 학력을 조사하는 국제학력테스트(PISA)의 성적이 처음 조사를 실시한 2000년 이후 계속 떨어져 일본에선 학력이 저하했다고 큰 소동이 벌어졌다.

일본학생들의 수학적 능력은 2000년 1위에서 2003년 6위, 2006년 10위로 떨어졌다가 2009년은 9위로 조금 올랐고, 과학적 능력도 2위, 2위, 6위에서 5위로 약간 올랐다. 독해력은 8위, 14위, 15위로 크게 하락했다가 8위로, 2000년과 같은 순위가 됐다. 한국은 2009년 조사에서 독해력 2위, 수학 4위, 과학 6위로 일본에 상당히 앞선다.

하버드대 유학생 한국인 42명, 일본인 5명에 불과

한국에서 큰 반향을 불러일으킨 하버드대학 마이클 샌델 교수의 인기 강의 '정의란 무엇인가'는 일본에서도 텔레비전(2010년, NHK 교육방송)으로 방영되고, 책은 베스트셀러가 되어 일본사회에서 '정의'가 새로운 화두로 떠올랐다.

텔레비전 화면에 비치는 이 강의를 듣는 학생들 가운데는 아시아계 학생도 많이 보였다. 그러나 하버드대학에 재학중인 일본학생은 몇 명 되지 않는다. 2009년도 하버드대학 학부 유학생 666명 가운데 아시아계는 한국 42명, 중국 36명, 싱가포르 22명, 인도 20명 등이나 일본은 5명에 불과하다. 이 문제를 다룬 〈아사히(朝日)신문〉은 "내향성향의 학생, 세계는 그대들을 기다리고 있다"는 제목의 사설(2010년 7월 25일자)에서 다음과 같이 개탄하고 있다.

> 올봄 내일한 하버드대학 총장은 "중국, 한국 유학생은 늘고 있으나 일본 유학생만이 줄고 있다"고 말했다. … 편리하고 지내기 좋은 일본을 떠나기 싫은 것일까, 유학으로 장래가 보장되는 것도 아니라고 생각하는 것일까? … 학생과 대학만의 문제가 아니다. 젊은이를 해외에 내보내 단련시키려는 의식이 사회전체에서 희박해지고 있는 것이 아닐까. 고교는 국내대학의 진학밖에 안중에 없다. 영어교육도 그 수단에 불과하다. 한국은 외국대학을 직접 목표로 하는 고교가 몇 개나 있다. 대학 3학년 때부터 취직활동을 시작해야 하는 일본기업의 사원채용제도도 학생의 자유를 제한하고 있다. 취직활동에 쫓기는 학생들이 해외에 눈을 돌릴 여유가 없다.

이 사설처럼 초등학교시절부터 유학을 보내거나, 외고 등에서 영어 등을 집중 교육시켜 구미의 유명대학에 학생들을 대거 입학시키는 한국을 부러운 듯이 소개하는 보도가 많다.

예를 들면 〈요미우리(讀賣) 신문〉은 2008년도 한국 초·중·고등학생의 유학이 2만 7,349명으로 약 280명당 1명꼴(〈한국교육과학기술부 통계〉) 이나 일본은 초·중학생의 통계는 없고 고교생 유학은 약 1,060명당 1명꼴에 불과하다며, 한국은 학력향상을 국가전략으로 추진하고 있으나 일본은 교육개혁의 전망이 없다고 지적했다(2010년 10월 6일자).

실제 일본 매스컴이 우려할 만큼 일본의 해외유학생은 격감하고 있다.

2009년 현재, 미국에 유학하는 학생은 중국 12만 7,628명, 인도 10만 4,897명, 한국 7만 2,153명으로 세 나라는 전년도에 비해 각각 1, 2할 정도가 증가했다. 그러나 일본은 2만 4,842명으로 전년도에 비해 14%가 줄었고, 최근 10년간 40%가 줄었다. 그렇다고 미국 이외에의 유학이 많이 늘어난 것도 아니다(일본 문부과학성이 집계, 2010년 12월말 발표한 2008년도 외국유학 일본인 학생은 6만 6,833명으로 전년 대비 11%가 줄어, 역대 최대 폭의 감소다. 미국 2만 9,264명, 중국 1만 6,733명, 영국 4,465명으로 모두 전년보다 1~2할 감소했다).

이같이 일본의 유학생이 줄어드는 이유는 소자화 현상에다 학생들의 내향적 성향, 대학생의 취직활동이 3학년 2학기부터 시작되는 점, 유명대학의 경우 교수채용 비율이 외국 대학원 출신보다 자교 대학원 출신이 압도적으로 높은 폐쇄성, 외국으로 유학가는 것을 기피하는 것 등이 그 이유로 지적되고 있다.

해외에서의 연구자도 반감

유학생뿐만 아니다. 외국대학 등으로 가 1개월 이상 연구활동을 한 일본인 연구자의 수(문부과학성 조사)는 2009년도 3,739명으로, 피크 때인 2000년도(7,674명)의 반수 이하로 감소, 역대 최저수준이다. 여기서도 일본인들의 내향적 성향이 그 이유로 지적된다. 동일본 대지진이 일어나기 전 자유무역 추진을 '헤이세이(平成)의 개국'이라고 주창했던 간 나오토 총리는 "(내향적 성향의) 정신의 개국도 필요하다"고 강조하였다.

2010년 노벨화학상을 수상한 일본인 학자 2명은 미국대학을 거점으로 연구한 업적이 평가받았다.

그 중 한 사람인 미국 퍼듀대학의 네기시 에이이치(根岸英一, 1935년생) 교수는 도쿄대학 공학부 졸업 후 일본기업에 취직해 근무하던 중 공부를 더 해야겠다고 생각했다. 그러나 형편이 어려워 국내 대학원 진학은 포기하고 풀브라이트 장학금 시험에 합격, 미국유학(1960년)을 갔다. 박사과정을 마친 뒤, 미국 대학교수가 돼 50년간 연구생활을 계속해, 노벨상을 받게 된 케이스다. 그는 내향적인 성향의 최근의 일본 젊은이들에게 "무대는 세계에 있다고 인식하고 높은 목표를 세워 해외에서 경쟁하기 바란다. 일정기간 일본을 밖에서 보는 것은 매우 중요하다"고 강조한다.

사원들, 해외근무를 기피

그런가 하면 일본의 젊은이들은 해외유학을 기피할 뿐만 아니라 졸업 후 회사에 들어간 이후에도 국내에 안주하려는 내향적 성향을 나타낸다. 신입사원들은 지금 시대가 글로벌시대인 것은 누구나 인정하면서도 해외근무를 '치안과 주거환경이 좋지 않은 등 리스크가 높다', '외국어 등 자신의 능력에 자신이 없다'는 등의 이유로 기피한다.

산업유통대가 3년에 한 번씩 실시하는 앙케트 조사에서, 2010년도 신입사원들 중 49%가 해외에서 근무하고 싶지 않다고 응답, 2001년도 29%, 2004년도 28%, 2007년도 36%보다 급증하는 추세다.

최근의 젊은 사원들은 상사로부터 중국 등지로의 해외근무를 타진받으면 "해외는 좀 … "이라고 손사래를 치는 것이 보통이고, "인사명령을 받으면 어쩔 수 없이 간다"는 등 소극적인 경우가 많다. 여러 가지로 편한 일본에서 근무하고 싶다며 해외근무를 기피하는 사원이 대충 절반이나 되는 것이다.

근무지도 미국 등 선진국일 경우 일해 보고 싶다는 응답이 67.8%였으나, 중국 등 신흥국은 34.6%로 줄어들고, 동남아시아, 아프리카 등 개발도상국의 경우는 25%에 불과하다.

올림픽 등에서도 부진

버블붕괴 후의 일본은 스포츠에서도 대체적으로 부진하다.

일본은 도쿄올림픽(1964년)에서 메달획득 4위를 차지하는 등 과거엔 스포츠 강국이었으나 근래엔 올림픽 등 국제스포츠대회에서의 성적이 하강곡선을 그리고 있다. 현재 세계 스포츠계의 초강대국인 미국과 중국은 물론, 한국에도 2010년말 현재까지 하계 및 동계올림픽 모두 연속 3개 대회에서 대체적으로 뒤지고 있다.

아시안게임에서의 성적도 2010년 광저우(廣州)대회를 포함해 4개 대회 연속 중국, 한국, 일본의 순으로 정착돼 있다.

2010년 2월 밴쿠버 동계올림픽에서 김연아가 라이벌 아사다 마오(淺田眞央)를 제치고 금메달을 따는 등 한국은 금메달 6개를 포함해 14개의 메달을 따는 선전을 한 데 비해 일본은 금메달을 한 개도 따지 못한 채 은, 동메달 5개에 그쳤다. 이 같은 부진에 일본 매스컴이 일제히 정부와 대기업의 지원이 빈약한 것이 가장 큰 원인이라고 지적하면서 대책을 강구해야 한다고 촉구하고 나섰다.

미국, 중국, 한국 등은 정부뿐만 아니라 대기업 등이 스포츠를 적극 지원하는 체제를 갖춰 좋은 성적을 올리는 데 비해, 불황이 계속되는 일본은 기업이 운동팀을 해체하는 데다 정부의 지원도 빈약해져 성적이 나빠졌다는 것이다.

일본 올림픽위원회의 자료에 따르면 베이징올림픽 개최 1년 전인 2007년 1년 동안 일본의 올림픽대비 훈련강화비는 약 25억 엔으로 주요 각국의 5분의 1에도 미치지 못했다.

일본정부는 국제스포츠에서의 현저한 약세는 일본의 국가 이미지와 국민사기 등에도 문제이므로 방치할 수 없다고 판단했다.

일본정부는 2010년 10월 올림픽 등에서의 부진을 만회하기 위해 '스포츠 입국 전략'이란 것을 발표하면서, 국가대표선수의 강화를 '국책'이라고 강조했다. 이어 스포츠기본법(2011년 6월)도 만들어 '스포츠의 추진은 국가의 책무'라고 명기했다. 그러나 일본의 문화청 예산은 1천억 엔이나 스포츠 관련예산은 230억 엔(2010년)에 불과, 구미 각국과 중국에는 물론 한국의 관련예산에도 미치지 못한다는 지적이 나오고 있다.

일본은 자신감을 상실… 74%

일본인들은 '잃어버린 20년' 간의 침체로 자신감을 상실하고, 장래에 불안감을 느끼고 있다.

〈아사히신문〉에서 2010년 4월 실시한 여론조사에 따르면, '지금의 일본은 자신감을 잃어가고 있다'고 보는 사람이 74%, '앞으로의 일본에 불안을 느낀다'는 사람이 95%에 달하는 것으로 나타났다.

자신을 잃어가는 이유로는 '정치의 침체', '국가재정 악화', '경제침체'를 가장 많이 들었다. 일본의 경제력을 '자랑스럽게 여긴다'는 34%에 불과하고, '그렇지 않다'고 보는 의견이 65%로 훨씬 많다. 교육수준에 대해서도 66%가 '자랑스럽지 않다'고 답했다. 전후 일본의 대표적인 장점으로 인식되던 경제력과 교육수준에 더 이상 의미를 부여하지 않는 것이다.

'일본이 자랑할 만한 것'으론 기술력(94%)을 가장 많이 들었고, 전통문화(92%), 애니메이션과 게임(68%)의 순이었다.

현재의 일본이 처한 상황을 등산에 비교했을 때, '숨이 차 뒤에 오는 사람에게 추월당하고 있다'고 생각하는 사람이 62%인 것으로 나타났다. 일본이 앞으로 '회복할 저력이 있다'고 보는 사람은 반수 정도(56%)에 불과했고, 앞으로 일본은 '경제적 풍족함보다는 격차가 적은 나라가 되는 것이 바람직하다'(73%)는 의견이 많았다.

일본 최대의 광고회사인 덴츠(電通)의 여론조사(2010년 3월)에서도 10년 후의 일본에 대해 '지금보다 좋아진다고는 생각할 수 없다'가 75.25%에 달했고, "장래에 대한 불안감 때문에 절약하게 되고, 그에 따라 소비가 늘어나지 않는 원인이 되고 있다"고 분석하였다.

일본 젊은이들은 점차 무기력해지고 있다는 비판을 받는다.
사진은 젊은이들이 즐겨 찾는 게임전문점. 이 사진은 특정사실과 관계없음.

이 같은 현상과 관련해 "메이지 이후의 일본은 이상한 자신감과 자부심을 갖고 있을 때 최악의 결과를 초래했다. 태평양전쟁이 그렇고, 공해대국이 그렇고, 버블경제가 그렇다. 필요 이상의 자신상실과 불안은 피하는 것이 바람직하지만, 나서지 않는 것이 일본의 미덕이다. 오히려 긍정적으로 보는 것도 필요하다"는 견해〔사토 도시키(佐藤俊樹), 도쿄대학 사회학과 교수〕도 있다.

Key word

'히키코모리'

영국 옥스퍼드대학 출판부에서 간행한 영어사전에 어원이 일본어인 기존의 '오타쿠'(おたく), '라멘'(ラーメン), '과로사'(過勞死) 등에 이어 'hikikomori'란 항목이 새로이 수록됐다(개정 제3판, 2010년 8월).

이 사전은 그 뜻을 '사회와의 접촉을 이상하리만치 피하는 것'으로, '일반적으로 젊은 남성에게 많다'고 설명하고 있다.

영어사전에 실릴 정도로, 현대 일본에서 흔히 볼 수 있는 사회현상인 히키코모리는 왜 생겨났고, 왜 증가하고 있는가?

일본 내각부 발표(2010년 7월)에 따르면 전국에 히키코모리는 약 70만 명에 달하는 것으로, 장래 히키코모리가 될 가능성이 큰 '히키코모리 친화군(親和群)'도 약 155만 명으로 추계돼 일본사회에 충격을 주었다. 15세에서 39세 사이의 추계 인구(2009년) 약 3,880만 명 중 히키코모리는 1.8%로, 100명 중 약 2명의 비율이다. 친화군을 합칠 경우 전체의 5.8%에 해당하고 100명 중 약 6명꼴이다.

이 수치는 일본정부가 전국의 15세에서 39세 사이 남녀 5천 명을 대상으로 처음 실시한 전국실태조사(2010년 2월중)의 결과다. 이 조사는 히키코모리를 '보통은 집에 있으나 자신의 취미에 관한 볼일이 있을 때만 외출한다', '보통은 집에 있으나 근처 편의점엔 간다', '자기 방에서는 나오나 집밖으론 나가지 않는다', '자기 방에서 거의 나오지 않는다는 상태가 6개월 이상 계속되고 있는 사람'이라고 정의했다.

남성이 66%로 여성보다 약 2배 정도 많고, 연령별로는 30대가 46%를 차지했다. 친화군의 경우 여성이 63%로 다수를 점하고 있고, 연령별로는 10대가 31%로 가장 높았다. 이 조사는 30대까지를 대상으로 했으나 40대 히키코모리도 증가하는 등 '히키코모리 고령화'도 진행중이다.

사회에서 소외된 한 젊은이가 일으킨 도쿄 아키하바라 무차별살상사건(2008년)의 현장

히키코모리가 된 계기는 '직장에 적응하지 못했다'와 질병이 각각 23.7%로 가장 높고, '취직활동이 여의치 못했다'가 20.3%, '학교(초·중·고등학교)중퇴' 11.9%, '대인관계가 여의치 못했다' 11.9%, '대학생활에 적응하지 못했다'가 6.8%, '수험에 실패했다'가 1.75%로 나타났다. 이같이 학교, 직장, 사회와의 적응미숙, 또는 장애가 히키코모리가 된 주원인이다. 이와 함께 버블붕괴 후의 장기불황에 따른 전반적인 사회침체와 폐쇄성 등이 히키코모리 양산의 또 다른 요인으로 지적된다.

히키코모리와 관련한 범죄가 줄을 잇고 있다. 30대 히키코모리가 10대 소녀를 9년여 자신의 집에 감금해 일본사회를 충격에 빠트렸던 니이가타(新瀉) 소녀 감금 사건(2000년)을 비롯해, 오사카에 사는 36세 남성이 "집에만 있지 말고 일자리를 찾아보라"는 양친을 살해한 사건(2004년), 처의 병간호에 지친 아버지가 히키코모리 아들(38세)의 장래에 불안을 느껴 처와 아들을 목 졸라 살해한 사건 등 부지기수다.

외톨이생활을 하는 히키코모리는 대체적으로 인터넷에 의존하는 경향이 많다. 이들은 인터넷으로 메일을 보낸 뒤 답장이 없으면 불안과 좌절감으로 극도로 초조해진다. 이 같은 생활을 하던 장남(30세)이 인터넷예약을 취소한 모친에게 앙심을 품고, 일가족 6명을 방화, 살해한 사건도 있다. 자식 중에 히키코모리가 있는 어떤 부모는 “집에 마치 폭탄을 안고 생활하고 있는 셈”이라고 말한다.

히키코모리 현상은 구미 선진국에도 나타나고 있고, 특히 이탈리아에 많은 것으로 알려져 있다. 한국, 타이완 등 아시아 국가에도 있다. 그러나 일본사회에 유독 심하게 나타나는 것은, 일본인들이 다른 사람과의 관계가 원만하지 못한, 비사교적이고 폐쇄적인 성향이라는 것이 중요한 원인으로 지적된다.

아무것도 하지 않은 채 집에 틀어박혀 지내는 젊은이가 70만 명, 그렇게 될 가능성이 있는 사람이 155만 명인 나라의 가정과 사회가 얼마나 무기력하고, 비정상적인가는 두말할 필요가 없다. 앞으로 히키코모리 문제를 해결하지 못할 경우, 일본사회가 안고 있는 ‘시한폭탄’은 언제, 어디서 터질지 모른다.

• 제3부 •

한계에 다다른 옛 체제

9

평균수명 1년의 단명정권 속출

Keyword: '세습의원'

22년간 총리가 무려 17명

일본이 버블경제 붕괴 후 20년 이상 침체, 혼미상태를 벗어나지 못하는 것은 여러 가지 원인이 있겠지만 정치 불안정, 특히 1년 남짓의 단명정권이 계속된 것도 주요 원인 중의 하나다.

민주당은 2009년 8월말 중의원선거에서 역사적 대승을 거두며 1955년 '보수합동' 이래 50여 년간(1993~1994년 호소카와 연립내각 9개월간을 제외한) 집권해온 자민당 정권을 종식시키고 정권을 잡았다.

그러나 첫 총리로 취임한 하토야마 유키오(鳩山由紀夫)는 재임 불과 8개월 만에 정치자금문제, 오키나와주둔 미군비행장 후텐마(普天間) 기지 이전문제 등에 제대로 대처하지 못해 지지율이 급락하자 결국 사임했다. 후임엔 시민운동가 출신인 간 나오토가 취임했으나(2010년 6월) 그도 1년 2개월여 만에 물러났다(2011년 8월 30일). 이로써 쇼와

© Yonhapnews

일본 중의원 본회의장 의석에 나란히 앉아 있는 간 나오토 총리(왼쪽)와 하토야마 유키오 전 총리

(昭和) 시대(1926~1989년)가 끝나고 헤이세이(平成) 시대(1989년 11월)가 된 이후 22년간 총리는 무려 17명이 바뀌었다(〈표 2〉 참조). 공교롭게도 헤이세이 시대가 시작된 지 불과 1개월여 후 곧바로 버블붕괴(1990년 1월)가 시작돼 이후 계속되는 장기불황을 흔히 '헤이세이불황'이라고 부른다.

이들 가운데 가장 길었던 고이즈미(小泉純一郎) 총리의 재임 5년 4개월간을 제외하면, 나머지 총리의 재임기간은 평균 1년 2개월여에 불과하다. 세계 제 2위의 경제대국인 일본의 총리 재임기간이, 매 학년 바뀌는 학교의 반장 임기와 비슷한 셈이다. 정권이 바뀔 때마다 개혁과 변화를 외쳤다. 그러나 아무리 특출 난 자질과 능력을 가졌다고 해도 총리 재임 1년 남짓 만에 국정을 개혁하는 업적을 남기는 것은 불가능하다.

특히 1955년 이래 장기집권한 자민당 정권 말기의 아베(安倍晋三), 후쿠다(福田康夫), 아소(麻生太郎) 정권의 존속기간은 평균 1년에도 미치지 못했고 민주당의 하토야마 정권도 8개월 만에 퇴진, 초단명 정권이 4대째 계속됐다.

끊임없는 총리교체는 일본의 가장 강력한 동맹인 미국을 곤혹스럽게 만들었다. 미국은 역대 일본정권과 오키나와 미군비행장 이전문제 등을 협의해왔으나 정권이 바뀔 때마다 그동안의 의견접근은 물거품이 되는 상태가 10년 이상 되풀이되고 있기 때문이다.

간 총리가 2010년 9월, 민주당 총재경선에서 자파 국회의원 수 등에서 압도적으로 우세했던 오자와 이치로(小澤一郎) 전 대표를 물리치고 당선돼 총리에 유임된 것은 3개월 만에 또 총리를 바꿔서는 안 된다는 여론을 의식한, 민주당 일반당원들의 판단이 크게 작용했다.

한국에서 대통령 임기를 4년 중임제로 헌법을 개정해야 한다는 주장이 나오는 이유 중의 하나는 5년 단임의 현행 대통령 임기가 너무 짧아 임기 중반부터 레임덕에 걸리는 등 일을 제대로 할 수 없다는 것이다.

최근 20년간 재임기간이 가장 길었던 고이즈미 정권이 한국 대통령 임기와 비슷한 5년 남짓이니 최근의 일본 역대정권이 제대로 일을 할 수 없었다는 것을 웅변해 준다.

일본, FTA 논의도 방치상태

이같이 단명정권이 계속되는 것은 일본이 국가 장기발전의 비전을 입안, 추진하지 못한 채 표류, 혼미를 거듭하는 중요한 요인이기도 하다. 일본정부가 국가전략을 세우지 못한 채 우왕좌왕하는 좋은 예가 자유무역협정(FTA)과 관련한 뒤늦은 대응이다.

일본은 2011년초 현재까지 한국과의 FTA 논의가 몇 년째 방치상태인 것을 비롯해 본격적으로 FTA 논의를 진행하는 것이 한 건도 없다. 물론 FTA를 해야만 경제가 더 좋아진다든지, FTA만이 어려운 경제를 살리는 만병통치약은 아니라고 해도, 경제대국에다 통상국가라고 자부하는 일본이 FTA에 대해 전혀 신경을 쓰지 않는 것은 자유무역으로 가는 시대의 대세에서 도태되는 행위다.

2010년말, 침체된 일본경제를 살리기 위해서는 FTA 참가를 추진해야 되겠다고 판단한 간 나오토 정권은 뒤늦게 미국, 호주 등 9개국이 추진중인 다국간 자유뮤역협정인 환태평양 경제동반자 협정(TPP)에 일본이 참가하는 것을 검토하기 시작했다.

이어 간 총리는 신년 기자회견에서 자유무역 참여를 '헤이세이 개국'이라고 명명하면서, 2011년의 최중요 과제로 추진하겠다고 천명했다. 쇄국에서 문호를 개방해 일본을 근대화시킨 메이지 유신, 패전 후 선진국으로 만든 고도경제성장처럼, 자유무역을 통해 일본경제의 패러다임을 바꿔 다시 한 번 '개국'을 이뤄 보자는 취지다. 이후 간 총리는 다보스회의(1월말) 등 가는 곳마다 '헤이세이 개국'을 언급해 이 무렵 일본정치의 최대화두가 됐다.

이와 관련해 일본 매스컴은 한국이 2010년말 타결한 미국, 유럽연합

(EU)과의 FTA 추진정책을 높이 평가하면서 일본은 한국을 모델로 삼아 FTA를 조속히 추진해야 한다는 논조를 펴기도 했다.

일본도 한국과 마찬가지로 FTA가 발효되면 관세철폐로 값싼 농산물이 수입돼 농업이 괴멸한다며 농민과 농업관련단체 등의 반발이 거세다. 이와 관련해 한국정부가 칠레와의 FTA때 추진한 농민피해를 최소화하기 위한 보상과 경쟁력 강화방안 등이 좋은 선례로 거론되고 있다. 한국 내에선 반대가 극심한 FTA 추진이 일본에선 높은 평가를 받고 있는 셈이다.

그러나 TPP는 이미 다른 나라들이 여러 차례 본격적 논의를 거친 상태여서 뒤늦게 편승하려는 일본의 참가는 쉽지 않다. 거기에다 동일본대지진으로 일본정부는 이 문제에 신경을 쓸 겨를이 없어 흐지부지한 상태가 됐다.

'일본병' 치유할 지도자가 없어

장기침체에서 벗어나지 못하는 일본에선 요즈음 '일본병'에 걸렸다고 탄식하는 소리가 곧잘 들린다.

'해가 지지 않는 대영제국'으로 불리며 세계 최강대국임을 자랑하던 영국은 제2차 세계대전 종료 후 '요람에서 무덤'까지라는 말이 상징하는 과도한 사회보장 정책과, 노사분규의 만연 등으로 국력과 국제경쟁력이 총체적으로 쇠퇴하는 '영국병'을 앓았다. 1979년 집권한 마거릿 대처는 재임11년간 이 '영국병'을 아픔을 수반하는 과감한 개혁으로 치유해 '철의 여인'이란 별칭을 얻었다.

일본의 장기침체를 '영국병'에 연관해 '일본병'으로 부르는 등 양국에 비슷한 현상이 일어나고 있지만, 일본엔 대처 같은 지도자가 나타나지 않고 있는 점이 다르다. 재임 1년 남짓의 총리가 일본병을 치유할 수 없는 것은 당연한 일이다.

5년 남짓의 고이즈미 정권도 우정 민영화 등 이른바 '고이즈미 개혁'을 추진했으나 결국 중도에 그치고 말았다. 이같이 일본이 침체를 벗어나지 못하는 이유 중의 하나는 정치가 제대로 기능하지 못하는 것이다.

'경제는 1류, 정치는 3류'

1955년 보수세력인 자유당과 민주당이 사회주의세력에 대항하기 위해 결성한 보수합동으로 자유민주당(약칭 자민당)이 창당돼, 집권에 성공한 뒤 자민당과 야당인 사회당을 축으로 하는 양대 정당체제가 형성됐다. 이를 '55년 체제'라고 부른다.

자민당 정권은 발족 이후 재계로부터 정치자금을 불법, 편법으로 모금해 선거자금으로 사용하고, 또 파벌을 운영하는 경비 등으로 쓰는 금권정치와 파벌정치를 50년 이상 계속해왔다. 민주주의 국가에서 이 같은 정권이 이처럼 장기간 지속된 경우는 전무후무한 일로 일본정치, 일본사회의 특수성을 말해준다. 정치는 부패했지만 세계 2위의 경제대국을 이룬 자민당 집권기간 동안 일본은 흔히 '경제는 1류, 정치는 3류'란 말을 들었다.

그러나 민주당으로 정권이 바뀐 뒤에도 파벌정치는 이전보다는 상당히 약화되었지만 여전히 이어지고 있다. 자민당 출신인 하토야마 전 총리는 재벌가(세계적인 타이어 메이커인 브리지스톤그룹 창업주)의 딸인 어머니로부터 수억 엔을 받아쓰면서 정치자금으로 신고하지 않은 채 탈세한 사실이 드러나 총리사임의 한 원인이 되었고, 오자와 전 대표는 거액의 정치자금을 조성해 자파의원 등에게 뿌려 정치자금법 위반 혐의로 재판에 회부되어 국민의 지탄을 받고 있다. 현재 민주당은 최대파벌인 오자와파에 소수파벌인 간 나오토파가 대립하는 구도이고, 야당이 된 자민당도 과거처럼 강하지는 않지만 여전히 파벌이 존속하고 있다.

정권교체가 이뤄졌지만 이 같은 구태의연한 정치가 계속되자 민주당

지지자들 가운데는 민주당에 투표해 정권교체를 한 의미가 없다는 불만이 터져 나오고, 간 나오토 정권의 지지율이 10%대까지 떨어지는 한 원인이 됐다.

강력한 지도자가 나타나지 않는 일본

그렇다면 최근 일본에서 단명정권이 계속되고 있는 것은 무슨 이유에서인가? 우선 영국의 대처나, 과거 자민당 출신 총리 중에서도 사토 에이사쿠(佐藤榮作, 1964~1972년 재임), 나카소네 야스히로(中曾根康弘, 1982~1987년 재임) 같이 비교적 장기간 재임하면서 강력한 지도력을 발휘, 국민들에게 인기도 있는 '대통령형 총리'가 없었다는 것이 한 이유일 것이다.

앞서 언급한, 총리를 지낸 아버지, 조부의 후광 등을 얻고 세습총리가 된 자민당 말기의 아베, 후쿠다, 아소 그리고 민주당의 하토야마는 온갖 역경을 이겨내고 권력을 잡은 지도자가 아니다. 아버지의 정치기반을 물려받은 세습의원(Keyword 참조)으로 온실 속에 자라나 총리가 된 경우라고 할 수 있다. 이들은 당면한 난관과 위기를 극복해 국가를 끌고 간다는 정치지도자로서의 강력한 의지와 능력이 없었다. 정치적으로 곤경에 처하자 그냥 총리직을 사임해 버린 것도 단명정권 속출의 한 원인이다.

또한 민주당을 비롯한 야당이 선거에서 자민당에 이기지 못해, 자민당이 제 1당으로 장기집권하면서 자민당의 각 파벌보스가 나눠먹기식으로 차례로 총리가 돼 단명정권이 속출한 측면도 있다.

단명정권은 '체제피로'가 원인

이같이 단명정권이 계속된 것은 여러 가지 원인이 있으나 '체제피로'가 나타난 것으로 보는 전문가의 견해(사카이야 다이치 전 경제기획원장관)는 음미해 볼 만하다.

'체제피로론'은 기존체제가 시대의 변화에 따라가지 못해, 윤리관과 미의식 등이 더 이상 세상에 받아들여지지 않을 때, 즉 체제가 피로해졌을 때 단명정권 현상이 일어난다는 것이다.

예를 들어 도쿠가와(德川) 막부 말기의 경우를 들 수 있다. 쇄국을 국책으로 문을 걸어 잠그고 있던 막말은 '안정된 봉건사회'가 유일의 정의로, 근대화와 개방으로 가고 있던 구미선진제국의 시대흐름과는 동떨어진 체제였다. 이때 미국의 페리제독이 이끄는 '흑선'(黑船) 함대가 도쿄 만에 나타나(1853년) 일본에 개국을 요구했다. 이 '흑선 내항'은 일본에 '진보와 효율'이란 막부와는 전혀 다른 정의, 즉 근대화란 메시지를 전달한 것이었다. 이를 처음 접한 일본인들은 혼란에 빠졌다.

이때부터 막부가 기능정지 상태에 빠지는 메이지 유신 직전의 1867년까지 14년여 동안 막부의 쇼군(將軍)을 보좌하는 최고지도자인 로쥬(老中, 조선의 정승에 해당)에 임명된 자는 비상시의 다이로(大老)를 포함해 연인원 40명을 넘었다. 이들의 평균 임기는 1년 2개월에 불과했다. 그 이전 150년간의 로쥬와 다이로는 약 130명으로, 평균 임기는 6년 이상이었다.

결국 260여 년간 이어오던 도쿠가와 막부(1603~1867년)는 새로운 시대흐름에 적응하지 못한 채 메이지 유신으로 종말을 맞았다. 이후 일본은 아시아에서 가장 빨리 근대화에 성공, 한국을 강제합병하고 대륙

침략전쟁의 길에 들어섰다.

군국주의 일본이 침략전쟁에 광분하던 1930년대 다시 단명정권이 속출한다. 1936년 청년장교들이 총리〔조선총독을 지낸 해군대장 사이토 마고토(齊藤實)〕를 살해하는 반란사건인 2·26 사건 이후 1년 미만의 단기정권이 줄을 이었다.

그 원인은 정치자금의 규제강화 등으로 내각이 의회로부터 유리된 데 있었다. 이 때문에 의회 내의 실력자는 정권으로부터 멀어져 갔고, 관료나 군인들이 총리가 돼 단명하는 현상이 계속됐다. 이들 정권들은 중일전쟁(1937년), 태평양전쟁(1941년) 등으로 확전을 계속하다 결국 패전에 이르렀다.

이같이 새로운 시대변화에 적응하지 못한 채 체제피로를 보이던 막부와 군국일본은 결국 패망의 길로 들어섰다. 고이즈미 정권 전후의 단명정권은 군국주의시대 말기의 단명내각 현상과 닮아 있다.

또 한 가지 단명정권이 계속되는 경우의 공통점은 국가채무(國家債務)가 급증한다는 점이다. 1930년대 후반 5년간 국가채무 잔고는 3.7배가 늘어났다. 의회에도 국민들에게도 뿌리가 없던 당시 내각은 관료들이 제시하는 대로 군비를 확충했다. 헤이세이의 단명정권도 마찬가지다. 2010년 국채발행액은 약 44조 엔에 달하고 재정적자는 사상최고를 경신중이다.

단명정권에서 국가채무가 증가하는 주원인은 각료들이 소관부처 관료들의 자료와 설명에 의존하는 것이다. 최근의 단명정권의 경량급총리와 각료들은 관료들이 제시하는 방대한 자료와 축적된 논리를 그대로 믿은 결과 채무가 늘어났다. 따라서 관료지배로부터의 탈각(脫殼)이 중요하다는 지적이다.

일본은 다시 성장할 수 있는 잠재력은 충분

그렇다면 현재의 일본은 앞서 도쿠가와 막부와 군국일본의 경우와 같이 패망할 것인가? 반드시 그 같은 전철을 밟는다고는 할 수 없을 것이다. 로마제국의 경우 쇠퇴기에 접어들어 멸망에 이르기까지 수백 년이 걸렸고, 현대일본이 쇠약현상을 보이는 것은 아직 20년에 불과하다. 그리고 막말(幕末)이나 구 일본제국시대와는 일본이 처한 상황이 다르기 때문이다.

현재 일본은 거액의 재정적자를 안고 있지만 아직 엄청난 국부를 가지고 있고, 한 세대(2인 이상) 당 저축액만 해도 평균 1,521만 엔(부채평균은 543만 엔)에 달하는(2010년 9~11월 기준), 세계 3위의 경제력을 가진 나라다. 따라서 일본은 다시 성장할 수 있는 잠재력을 충분히 가지고 있다고 할 수 있고, 이를 효율적으로 활성화시키는 것이 정부와 지도자들의 책임이다. 그러나 현재의 일본 정치인들 중 그 같은 능력을 가진 사람이 나타나지 않는다는 데 문제가 있다.

어쨌든 일본은 매년 정권이 바뀌다시피 하면서도 나라와 사회가 큰 동요 없이 유지되고 있는 것은, 일본의 행정조직과 사회시스템이 제대로 자리를 잡고 있고 국민들의 교육수준, 의식 등이 높은 선진국이기 때문이라고 할 수 있다.

표 2 | 헤이세이 시대(1989년~)의 역대총리

이름	재직기간	재직일수	소속정당
다케시타 노보루(竹下登)	1987.11. 6 ~ 1989. 6. 3	576일	자민당
우노 소스케(宇野宗佑)	1989. 6. 3 ~ 1989. 8.10	69일	자민당
가이후 도시키(海部俊樹)	1989. 8.10 ~ 1991.11. 5	818일	자민당
미야자와 기이치(宮澤喜一)	1991.11. 5 ~ 1993. 8. 9	644일	자민당
호소카와 모리히로(細川護熙)	1993. 8. 9 ~ 1994. 4.28	263일	일본신당
하타 츠토무(羽田孜)	1994. 4.28 ~ 1994. 6.30	64일	신생당
무라야마 도미이치(村山富市)	1994. 6.30 ~ 1996. 1.11	561일	사회당
하시모토 류타로(橋本龍太郎)	1996. 1.11 ~ 1998. 7.30	932일	자민당
오부치 게이조(小淵惠三)	1998. 7.30 ~ 2000. 4. 5	616일	자민당
모리 요시로(森喜郎)	2000. 4. 5 ~ 2001. 4.26	387일	자민당
고이즈미 준이치로(小泉純一郎)	2001. 4.26 ~ 2006. 9.26	1,980일	자민당
아베 신조(安倍晉三)	2006. 9.26 ~ 2007. 9.26	366일	자민당
후쿠다 야스오(福田康夫)	2007. 9.26 ~ 2008. 9.24	365일	자민당
아소 다로(麻生太郎)	2008. 9.24 ~ 2009. 9.16	358일	자민당
하토야마 유키오(鳩山由紀夫)	2009. 9.16 ~ 2010. 6. 8	266일	민주당
간 나오토(管直人)	2010. 6. 8 ~ 2011. 8.30	449일	민주당

Key word

'세습의원'

한국에서도 부자가 대를 이어 국회의원을 하거나 형제가 국회의원을 지내는 일도 가끔 있어 화제가 된 적이 있다. 그러나 전체로 볼 때는 이 같은 경우의 비율이 그렇게 높지는 않은 편이다.

그러나 일본에선 아버지나 조부, 삼촌 등 '3등친(等親) 이내'의 친족 중에 국회의원을 지낸 사람이 있는 현역 의원을 '세습의원'이라 하는데, 이 세습의원이 하나의 사회현상으로까지 돼 논란이 되고 있다.

자민당 정권의 하시모토 류타로(橋本龍太郎, 재임 1996년 1월~1998년 7월) 총리 이후 민주당 정권(2009년 9월 집권)의 첫 총리를 지낸 하토야마 유키오(鳩山由紀夫)까지 총리 8명이 연속 세습의원이었다. 앞서 언급했듯이 하토야마를 비롯해 자민당 말기 총리 3명은 부친이나 외조부 등이 총리 역임자여서 이들은 '세습총리'로도 불렸다.

다나카 가쿠에이(田中角榮), 나카소네 야스히로(中曾根康弘), 고이즈미 준이치로(小泉純一郎) 등 역대총리 자식들 중엔 아직 총리까지는 안됐지만 현역 국회의원인 경우가 많다.

자민당의 마지막 총리였던 아소정권 때 세습의원은 자민당 124명, 민주당 39명으로 양당을 합쳐 160여 명에 이르렀다. 당시 군소정당의 세습의원까지 포함할 경우 국회의원 총수 722명(중의원 480명, 참의원 242명)의 약 22%가 세습의원이었다. 아소내각 각료(18명) 중 세습의원은 총리를 포함해 11명으로 내각의 세습의원 비율은 60%를 넘었었다.

하토야마의 뒤를 이어 총리가 된 민주당의 간 나오토는 취임 후 가진 첫 기자회견(2010년 6월)에서 "나는 보통의 샐러리맨의 자식이다. 보통의 가정에서 자란 젊은이가 뜻을 품고 노력하면 정치사회에서도 활약이 가능한 것이 민주주의다. 나는 풀뿌리에서 출발한 정치가"라고 자신이 세습의원이 아님을 애써 강조하였다.

친족의 선거구를 이어받는 세습의원들은 지명도 및 후원회 조직, 정치자금 등에서 다른 후보보다 월등히 유리해, 선거에서 이길 가능성이 크다. 세습의원은 이 같은 유리한 조건에서 당선되므로, 결국 특정가문이 의원직을 사물화, 기득권익화한다는 등의 여러 가지 문제점이 지적돼왔다.

민주당은 2009년 8월의 중의원선거 매니페스토(선거공약)에서 다음 총선거에서부터 세습의원을 공천하지 않는다는 방침을 명기했다. 민주당에 비해 세습의원이 훨씬 많은 자민당은 당내에 세습제한에 대한 반대론이 강해 차차기 총선부터 세습을 제한하기로 했다.

10

일본 황실의 우울

Keyword: '각슈인'(學習院)

'현인신'(現人神)에서 상징천황으로

매년 신정 초, 일본천황은 정해진 시간에 맞춰 가족들을 대동하고 황궁 발코니에 나와 일반시민들로부터 신년하례를 받는다.

몇 년 전 일본인들 틈에 끼어 신년 하례식에 가 본 적이 있다. 사람들은 황궁 정문 앞에서 나눠주는 일장기를 받아들고 니주바시(二重橋) 란 다리를 건너 발코니가 있는 정원 쪽으로 간다.

시민들은 발코니에 천황일가가 나타나자 일제히 일장기를 흔들고, 천황일가는 손을 흔들어 답례를 한 뒤, 천황은 간단한 신년인사를 한다. 이때 우익단체에 소속된 것으로 보이는 일단의 사람들이 '덴노헤이카 반자이'(天皇陛下 萬歲)를 큰 소리로 외치며 만세를 유도한다. 그러나 주변의 일반시민들은 열광적인 박수를 치거나 환호를 보내지는 않는다. 조용히 박수를 치는 정도다. 현재 일본국민들의 천황에 대한 인식을 간접적으로 느낄 수 있는 장면이다.

표 3 | 일본 역대천황(메이지시대 이후)

연호	천황이름	재위
메이지(明治)	무쓰히토(睦仁)	1867~1912년
다이쇼(大正)	요시히토(嘉仁)	1912~1926년
쇼와(昭和)	히로히토(裕仁)	1926~1989년
헤이세이(平成)	아키히토(明仁)	1989~

현 천황의 나이(1933년생)와 건강을 고려해 2009년부터 신년 하례식의 출석을 '이틀(1월 2일, 3일) 7회'에서 '하루(2일) 5회'로 줄였다. 궁내청 집계에 따르면 2011년 신년 하례식엔 7만여 명이 참석했다고 한다.

일본천황은 제 125대인 현 천황에 이르기까지 한 집안의 혈통이 계속 이어져왔다고 해 '만세일계'(萬世一系)라고 표현하고, 세계에서도 그 유례를 찾아볼 수 없는 혈통이라고 일본에선 강조된다.

1945년, 일본패전 이전의 천황은 '신성불가침', '국가의 원수로서 통치권을 총람(總攬)'하는 존재로, 일본이 벌인 침략전쟁은 '천황폐하를 위한 성전(聖戰)'으로 규정됐었다.

패전 후 연합국 군최고사령부(GHQ)는 원활한 점령정책을 위해 천황제를 존속시키기로 결정하고, 당시 천황 히로히토(裕仁)로 하여금 천황이 신의 자손임을 스스로 부인하는 '신일본건설에 관한 소칙', 즉 '인간선언'(1946년 1월 1일)을 발표하도록 했다. 그리고 천황의 전쟁책임을 불기소(1946년 4월)로 결정했다. 이에 따라 일본이 벌인 침략전쟁의 최고책임자였던 아키히토(明仁)의 전쟁책임은 불문에 부쳐졌다.

이어 1946년 11월, GHQ가 만든 초안을 기초로 제정, 공포된 일본국 헌법 제 1조는 '천황은 일본국의 상징이며, 일본 국민통합의 상징으로서 이 지위는 주권을 가진 일본국민의 총의에 기초한다'라고 규정,

일본패전 직후인 1945년 9월, 맥아더 연합국 군사령관을
방문한 히로히토 일본천황

이른바 '상징천황'이 됐다.

이에 따라 천황은 '현인신'(現人神, 아라히토가미)에서 아무런 정치적인 권력을 가지지 않는, '군림하지만 지배하지 않는다'는 현대 영국식 군주와 같은 존재가 됐다.

히로히토는 1989년 1월 7일 사망(88세), 1926년부터 63년간 계속된 쇼와(昭和) 시대는 막을 내렸다. 황태자 아키히토가 뒤를 이어 연호는 헤이세이(平成)로 바뀌고, 2011년으로 23년째를 맞았다(〈표 3〉 참조).

그러나 헤이세이 시대에 들어 과거 같은 권위가 없어진 일본 황실은 시대의 변화에 적응하지 못한 채, 국민을 통합하기보다는 황태자비 마사코(雅子)의 적응장애를 둘러싼 갈등 등 오히려 국민들을 걱정시키는 일을 많이 만들고 있다.

이 같은 상황에서 일어난 황태자의 장녀 아이코(愛子) 공주의 학교 결석 소동은 일본 황실의 현 주소를 잘 보여주고 있다.

아이코 공주, 남자생도로부터 '난폭한 행동' 당해 결석

2010년 3월초, 전통적으로 황족들이 다니는 학교인 '각슈인'(學習院)(Keyword 참조) 초등과 2학년에 재학중인 황태자의 외동딸 아이코 공주가 학교에서 남자아동에게 '난폭한 행동'을 당해 장기 결석한 사실이 밝혀져, 이를 둘러싸고 한바탕 소동이 빚어졌다.

궁내성의 황태자 일가를 담당하는 책임자인 동궁대부(東宮大夫)가 3월 5일 정례기자회견에서, 메모를 보며 발표한 아이코 공주의 결석 이유는 다음과 같았다.

> 금주에 들어와 통학할 때 복통 등과 함께 심한 불안감을 토로하고 있어 학교 측과 협의해 원인을 조사해 봤다. 같은 학년의 다른 반에 난폭한 행동을 하는 아동들이 있는데, '아이코 사마(様)'를 포함해 다른 아동에게 난폭한 행동을 하고 있는 것이 원인으로 판명됐다. 금주에는 거의 학교에 가지 못했다

우선 황태자의 딸인 공주가 오랫동안 일본 황족들의 교육을 전담해 온 학교인 각슈인에서 사실상 이지메를 당해 학교를 결석하고 있다는 사실이 일본국민들을 놀라게 했다. 매스컴은 개교 이후 130여 년간 황실 스스로가 만들어왔던 '각슈인 신화의 붕괴'라고 개탄했다. 거기에다 이 같은 사실이 조용히 해결되지 않은 채 동궁대부에 의해 '공표'된 것이 더욱 문제였다. 두 가지 사안 모두 과거 같으면 생각도 할 수 없는 사태였기 때문이다.

각슈인 측은 동궁대부 발표 수 시간 후 긴급기자회견을 열어 "직접 폭력행위나 이지메가 있었다는 이야기를 들어본 적이 없으며 과거에 같

일본 황태자 부부와 아이코 공주

은 학년의 남학생들 중에서 수명이 상당히 난폭한 행위를 한 적이 있었는데, 〔오랜만에 아이코 공주가 그 생도를 보고〕 아마도 그때 일을 떠올려 불안감을 느꼈다고 해석하고 있다"고 주장했다.

각슈인 측은 그 난폭한 행위도 "물건을 던지거나, 복도를 뛰어다니거나, 큰 소리로 떠드는 생도가 수명 있었으나 작년 11월 이후는 잠잠해져 이번 일과 직접 연관이 있다고는 생각되지 않는다"고 해명했다.

그러나 '난폭한 아동'이 아이코 공주의 목을 비틀었다는 보도도 나와 각슈인 측의 주장을 액면 그대로 믿기도 힘든 상황이었다.

난폭한 행위의 진위가 어떠하든, 그 같은 일은 초등학교 저학년생들 사이엔 있을 수 있는 일이라고 할 수도 있다. 동궁대부는 자신의 발표가 황태자 부처의 양해 없이는 있을 수 없는 일이라고 말해, 이 발표는 사실상 황태자 부처의 의사임이 드러났다. 황태자 부처가 좀더 사려 깊은 판단을 했다면 공표하지 않고 원만히 해결했을 수도 있었을 것이다.

매스컴이 대대적으로 보도하는 가운데, 황실이 난폭한 아동에 대한 배려가 전혀 없다는 비판이 일었다.

급기야 동궁대부를 불러 설명을 들은 천황 부처가 아이코 공주, 학교, 아동 가운데 "어느 쪽에서도 희생자가 나오지 않게 해결하도록 하라"는 당부(3월 11일 궁내청 발표)를 하기에 이르렀다.

4월초(일본은 신학기가 4월부터 시작) 3학년으로 진급한 아이코 공주는 어머니인 마사코비가 학교에 데리고 가고, 수업까지 지켜보는 가운데 1년 동안 학교를 다녔다. 때로는 결석과 조퇴도 했으나 이해 가을 학교 운동회에서는 포크댄스도 추는 등 학교생활에 어느 정도 적응하는 모습이었다.

일본 황족으론 사상처음 학교에서 이지메를 당한 셈인 아이코 공주는 불과 3년여 전까지만 해도 미래의 여성천황으로 부상된 주인공이었다.

현 천황, 고대황실이 백제계임을 처음 언급

일본의 초대천황은 기원전 신화에서부터 등장하는데 고대 일본 황실은 백제(百濟)와의 교류가 깊었다. 이후 고대의 천황은 백제계라는 설이 광범위하게 퍼져 있었다.

이와 관련해, 현재의 천황은 68세 생일(2001년 12월 23일)을 앞두고 가진 기자회견에서 “나 자신으로서는 간무(桓武)천황의 생모가 백제 무령왕의 자손이라고 《속 일본기》(續日本紀)에 적혀 있음에, 한국과의 인연을 느끼고 있다”고 말해 양국에서 비상한 관심을 불러일으켰다. 천황 스스로가 천황가에 백제계의 혈통이 이어져 오고 있음을 언급한 것은 사상 처음 있는 일이었기 때문이다.

일본은 고대 이래 여자가 천황이 되는 것을 인정해 그동안 8명의 여성천황이 있었다, 그러나 메이지 유신 이후 이토 히로부미(伊藤博文)가 주도해 헌법과 황실전범을 만들면서 천황계승자를 ‘황남자손’(皇男子孫)으로 규정해, 과거에 있었던 여성천황을 인정하지 않게 됐고, 현재에도 그대로 이어져 내려오고 있다.

40세 기코비가 남아 출산

현재 일본 황태자인 나루히토(德仁, 1960년생)는 외무성에 근무하던 평민출신의 오와다 마사코(小和田雅子, 1963년생)와 1993년 6월 결혼해, 둘 사이에 딸 아이코(愛子)가 2001년 12월 태어났다. 황태자의 남동생, 아키시노노미야(秋篠宮)와 기코(紀子)비 사이에도 딸 둘(1991년생, 1994년생)밖에 없어 황통을 이을 남자가 없게 돼 문제가 생겼다(〈그림 2〉 참조).

2000년대 중반 당시 집권당인 자민당은 천황이 전립선암 제거수술(2003년)을 받은 데다 연령적으로도 70대(1933년생)에 들어서 후계문제에 대비하지 않으면 안 되었다. 자민당은 당내에 특위를 구성해 여제(女帝), 즉 여성천황을 용인하는 방향으로 황실전범을 개정할 필요가 있다는 데 대체적인 의견을 모았다.

총리의 자문기구인 '황실전범에 관한 유식자 회의'도 여제용인의 보고서를 제출했다(2005년 11월). 매스컴에서도 여제논의가 활발히 전개됐고, 여론도 대체적으로 여왕을 인정하는 영국, 네덜란드 등 서구제국처럼, 여제를 인정해야 한다는 분위기가 조성되었다.

그러나 예상 밖으로 39살의 기코비가 회임한 사실이 알려져(2006년 2월), 여제허용을 위한 개정법안의 국회제출은 일단 연기됐다. 아들이 태어나면 천황이 된다는 집념의 결실일까, 기코비가 40세 생일을 눈앞에 둔 2006년 9월 6일, 남아를 출산하는 이변(?)이 일어났다. 황실로선 아키시노노미야(1965년생)가 태어난 이래 41년 만의 남아 출생이었다.

이로써 현재의 천황을 이을 황위계승 순위는 1위 황태자 나루히토, 2위 아키시노노미야, 3위가 이 남아〔히사히토(悠仁) 왕자〕로 이어지게

그림 2 | 일본 황위계승 순위도

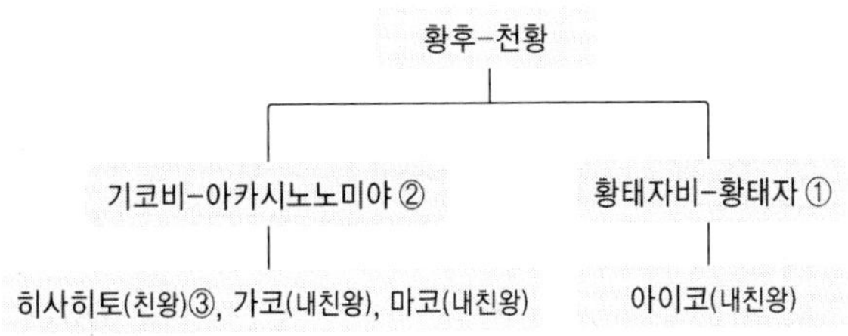

주: 친왕(親王)은 왕자, 내친왕(內親王)은 공주를 의미함. 이름 옆의 번호는 황위계승 순위를 나타냄.

되어 황위계승 문제는 한숨을 돌리게 됐다. 이에 따라 후계문제는 수면하로 가라앉았고 여제논의도 일단 조용해졌다. 아이코 공주는 사촌 남동생이 태어나지 않았으면 여제가 됐을 운명이었던 것이다.

천황부자 불화 심각… 황태자비 적응장애로 장기요양

황태자 결혼 후 몇 년이 지났을 무렵부터, 천황과 황태자 부자 간에는 의사소통이 원만히 이루어지지 않는 등 불화가 심상치 않다는 보도가 잇달았다. 주된 원인은 마사코 황태자비를 둘러싼 마찰이다.

외교관의 딸로 하버드대학 경제학과를 나온 뒤 도쿄대학 법학부에 학사편입, 재학중 외무성에 들어간 마사코비는 결혼 후 황태자비로서의 중압감과 궁중제사 등 황실문화와 환경에 적응하지 못한 채, '적응장애'란 병을 앓고 있는 것으로 진단(2004년 7월) 됐다. '마음의 병'을 앓고 있다고도 말해지는 마사코비는 현재도 요양중인 것으로 돼 있다.

이에 앞서 황태자는 "마사코의 인격을 부정하는 움직임이 있는 것도 사실"(2004년 5월 기자회견) 이라는 '인격부정' 발언으로 큰 파문을 일으켰다. 마사코비가 황실과 궁내청 등 주변으로부터 인격을 부정받고 있다는 뜻이다.

그뿐 아니라 황태자가 아이코 공주를 데리고 천황부처에게 인사를 잘 가지 않아 천황이 자주 들르라는 당부를 하고, 황태자는 그러겠다고 약속한 뒤에도 자주 찾아가지 않는 일이 궁내청 장관의 기자회견에서 알려져, 천황 부자 간의 불화가 심각한 상태(2008년 2월) 임이 드러났다. 일반 가정과 마찬가지로 천황가에도 부자 간에 불화가 생겼고, 그에 따른 갈등이 해소되지 않은 채 표면화된 것이다.

'상징천황' 제도는 지지

천황을 신격화하며 침략전쟁을 벌였던 1945년 8월 이전의, 군국주의 시대의 천황과는 다른 현재의 '상징천황' 제도를 일본국민들 대다수는 각종 여론조사에서 지지하고 있다.

그러나 과거와 같이 천황을 절대적으로 존경하거나 맹목적으로 지지하는 층이 적어지는 가운데, 특히 젊은 층은 천황과 황실에 대해 무관심하다. 이 같은 상황이 계속되면 천황제가 없어질 가능성도 있다고 보는 외국전문가들도 있다. 그러나 전쟁 등 돌발변수가 없는 상황에서, 갑자기 천황제가 없어질 가능성은 거의 없어 보인다.

현재 나타나고 있는 일본 황실의 불화와 혼란상은, 부모에게 무조건 복종하는 가부장적 가족구조였던 과거와는 다른, 시대의 자연스런 변화 중의 하나일지 모른다. 그런 와중에 일어난 아이코 공주에 대한 이지메로 인한 결석소동도, 일본 황실에 대한 일본국민들의 의식의 변화를 말해 주는 것이라 할 수 있다.

어쨌든 과거와 같이 천황에 대한 절대복종이나 맹목적인 추종이 아닌, 민주화와 자유분방이란 시대의 변화 속에 일본 황실은 적응하지 못한 채 흔들리고 있다.

일본황궁으로 들어가는 입구에 있는 다리 니주바시(二重橋)

Key word

‘각슈인’

도쿄 도심의 한적한 주택가인 메지로(目白)의 넓은 녹지엔 ‘각슈인’(學習院)이란 학교가 있다. 초등과는 조금 떨어진 요츠야(四谷)에 있다. 이 학교는 메이지 유신(1868년) 이후 황족과 화족[구 막부시대의 다이묘(大名) 등] 자녀들에게 근대식 교육을 시키기 위해 일본정부가 1877년 세운 학교다.

1920년대엔 황족 취학령이 제정돼 황족은 특단의 이유가 없는 한 이 학교에 다니게 했다. 일본 황족들뿐만 아니라 일제강점기 땐 고종의 막내딸 덕혜옹주도 이 학교를 다녔고, 국내의 친일파들이 자녀를 이 학교에 유학보내기 위해 조선총독 등에게 부탁했다는 기록도 있다. 1907년 한일 강제합병을 앞두고 한국통감 이토 히로부미가 인질로 일본으로 데리고 간 영친왕의 경우는 이 학교를 다니지 않고 개인교사를 붙여 일본어 등을 가르친 뒤 일본육사로 진학시켰다.

1945년 일본패전 후 황족 취학령은 없어지고 이 학교는 사립이 됐지만, 황족들은 거의 유치원부터 대학원과정까지 있는 이 학교를 다녔다. 현재의 천황을 비롯해 황태자, 왕자 등도 전부 이 학교를 졸업했다. 학생 분포로는 황족은 소수인 만큼 일반인 자녀들이 대부분이다.

그런데 2010년 봄, 천황의 차남인 아키시노노미야의 장녀가 이 학교 고등부를 졸업한 뒤 대학은 다른 학교(국제기독교대학)로 진학했고, 그의 아들로 현재 황위계승 순위 3위인 히사히토 왕자도 각슈인 유치원이 아닌 오차노미즈(お茶の水)대학 부속 유치원으로 보내 화제가 됐다.

황족이, 그것도 앞으로 천황이 될 왕자가 각슈인이 아닌 다른 유치원을 택한 것은 처음으로, 주간지에는 ‘각슈인의 황혼’ 등으로 보도됐다.

제4부

일본적인 것의 상실

무너지는 직인(職人)의식

11

Keyword: **'시니세'(老鋪)**

일본에선 어떤 물건을 만드는 전문적 기술을 가진 사람들을 '쇼쿠닝'(職人)이라고 부른다. 초밥(스시, 壽司)을 만드는 사람은 '스시 쇼쿠닝'이라 하고 '다다미'(疊)를 만드는 기술자는 '다다미 쇼쿠닝'이라고 한다.

이들은 자신이 최고의 물건을 만든다는 장인(匠人)이라는 자부심을 가지고 있고, 고객들은 그 쇼쿠닝의 기술을 높이 평가하고, 그가 만드는 제품을 신뢰하면서 구입하거나 음식을 사 먹는다. 이들 쇼쿠닝들이 수십 년, 또는 대를 이어 수백 년간 같은 물건을 만들어 팔아왔다는 것은, 고객으로부터 제품의 품질과 신용을 높이 평가받았다는 의미로 볼 수 있다. 그러나 버블붕괴 후 잃어버린 20년 동안, 품질과 신용을 생명으로 하는 일본의 쇼쿠닝 정신이 훼손되는 일이 다발하고 있다. 일본이 자랑하던, 일본적 정신의 황폐화현상이다.

일본 최고 요정, 먹다 남은 요리를 재탕

일본요리를 예술의 경지에까지 향상시켰다고 자부하는 요정, '교토깃쵸'(京都吉兆). 도쿄에서 세 차례(1979년, 1986년, 1993년) 열린 세계주요국 정상회의에 참석한 각국 정상들에게 내놓은 일본요리도 이 요정에서 만든 것이었다. 1930년 이 깃쵸를 창업한 요리인 유키 데이이치(湯木貞一, 1901~1997년)는 일본에서 '세계의 명물 일본요리'를 발전, 혁신시킨 '요리계의 거성'이란 평가를 받는다.

가끔 궁중에 불려 들어가 천황일가에게도 일본요리를 만들어 준 그는 요리인으로는 처음으로 80세 때 문화훈장을 받았고, 이어 문화공로자로도 현창됐다(87세). 깃쵸는 이처럼 자타가 공인하는 최고급 일본요리 전문점이란 명성을 가지고 있었다.

그는 말년에 자식들에게 '혼 깃쵸'(本吉兆), '도쿄 깃쵸' 등의 별도 회사로 독립하게 해, 깃쵸는 일본요리를 대표하는 요리전문그룹으로 성장했다. 깃쵸그룹 가운데 오사카에서 영업하는 요정은 '센바 깃쵸'(船場吉兆)라는 이름이었다.

그런데 2007년 10월, 이 요정에서 제조 판매하는 과자의 유통기한을 위장한 것이 발각된 데 이어 요리에 사용하는 유명 쇠고기의 산지를 위장한 사실도 드러났다. 창업주의 사위인 당시 사장은 약식기소돼 벌금형을 받았다.

그러나 이 정도로 끝나지 않았다. 2008년 봄에는 이 요정에서 손님이 먹다 남긴 회 등의 요리를 다른 손님상에 다시 내놓는 '츠카이 마와시'(使いまわし)를 하고 있는 사실이 드러났다. 유명 요리인이기도 한 사장(당시 74세)이 직접 주방에서 츠카이 마와시를 지시했기 때문에 주

방의 종업원들은 어쩔 수 없이 따랐다고, 후일 말했다.

일본 최고급을 자랑하는 전통요정이, 싸구려 음식점에서 해도 안 될 일을 태연히 계속해왔다는 사실이 매스컴에 대대적으로 보도돼 일본사회에 충격을 안겨 주었다. 이후 고객들은 발길을 끊었고, 얼마 후 결국 이 요정은 자진 폐점했다.

폐점 당일 사장의 부인인 70대의 여주인이 꿇어앉아 "고객들의 신뢰를 저버린 것을 머리 숙여 사죄한다"며 흐느끼는 모습을 텔레비전 뉴스에서 보면서, 불황 앞에서는 일본전통도 저렇게 무너지는구나 하는 느낌을 받았다, 그리고 일본이 자랑하는 전통문화란 것이 이 정도인가 하는 생각도 들었다.

300년 전통의 아카후쿠 모찌, 제조일자를 위장

일본 전국의 신사(神社)는 2010년말 현재 약 8만 개에 달한다. 그 가운데 가장 격과 비중이 높아 신궁(神宮)으로 분류되는 것은 도쿄에 있는 메이지(明治) 신궁 등 14개다. 그 신궁 가운데도 가장 유명한 신궁은 천황의 조상을 모신다는 이세(伊勢) 신궁이다.

미에(三重) 현 이세시에 있는 이 신궁은 연 수백만 명이 참배하고, 역대 총리와 각료 등은 매년 정초에 참배한다. 일본인들 사이에서는 생전에 한 번은 이 신궁을 가 봐야 한다는 말이 있고, 그래서 이세신궁 측은 스스로를 '일본인들의 마음의 고향'(홈페이지)이라고 자부한다.

이세신궁 입구엔 '아카후쿠'(赤福)라는 일본전통의 '모찌'(떡)를 파는 가게가 있다. 창업(1707년)한 지 300년이 넘은 노점포이다. '이세' 하면 '아카후쿠'를 떠올릴 만큼 일본인들에겐 가장 유명한 모찌다. 이 가게엔 이 모찌를 사려는 관광객들로 항상 북적거린다.

이 아카후쿠는 당일 제조, 당일 판매가 수백 년간 내려온 원칙이다. 그런데 한번 제조한 상품을 냉동보관한 뒤, 다시 해동한 날짜를 제조일로 표시(소비기한 위장)해 판매한 사실이 드러나(2007년 10월) 문제가 되었다.

아카후쿠 본점 제조공장은 식품위생법을 위반한 혐의로 3개월간 영업정지 처분을 받았다. 아카후쿠는 이세신궁 앞의 본점 이외에 전국에 3백 수십 개의 영업점을 가지고 있었는데 매일 소비되는 대량의 물건을 조달하기 위해, 미리 만들어 냉동보관하는 방식을 사용했던 것이다.

수백 년간 이어져 오던 맛과 전통이 단절되고, 제품의 신뢰에 금이 가는 충격을 받았다고 시민들은 TV 뉴스 등에서 개탄했다. 아카후쿠는

창업 500년 역사를 자랑하는 일본 과자점 도라야(虎屋) 본사

약 4개월 후 영업을 재개해 떠나갔던 손님이 일단 되돌아왔다고 한다. 그러나 수백 년간 이어오던 명성과 신뢰는 크게 실추됐다.

이해 문제가 된 것은 깃쵸 요정과 아카후쿠 모찌뿐만이 아니었다. 홋카이도의 명물 양과자 '白い恋人'(하얀 연인)을 비롯해 일본 전국에서 소비기한이나 제조일자를 위장하거나, 소고기 등의 산지를 고급브랜드로 속이는 등의 식품위장사건 수십 건이 잇달아 발각됐다. 거기에다 중국산 만두나 장어를 일본산으로 속여 판매한 사실 등도 드러나 식품안전문제가 큰 사회 이슈가 됐다.

이후 각 메이커가 재발방지를 다짐했지만 근절되지 않고 있다. 2010년말 기타큐슈(北九州) 시의 한 백화점에 입점해 있던 정육점은 규슈산 쇠고기를 최고급인 마츠자카규(松坂牛)라고 속여, 실제 가격보다 2배 이상의 가격으로 판매하다 적발됐다. 이 정육점 주인은 경찰조사에서 "불황으로 장사가 안돼 산지를 위장해 팔았다"고 말했다.

온천수에 수돗물

일본을 대표하는 것을 들라 하면 대체적으로 '후지(富士) 산', '온천', '사쿠라'(벚꽃) 가 가장 많이 꼽힌다. 일본의 온천은 일본을 방문하는 외국관광객들에게도 가장 인기 있는 곳이기도 하고 일본인들이 국내여행을 가고 싶은 곳에서도 항상 1위를 차지한다.

일본은 세계에서 가장 많은 3천 수백 개소의 온천지에, 2만 2천여 개의 여관, 호텔 등이 있고, 실외욕탕인 '로텐부로'(露天風呂), 남녀가 같은 탕을 이용하는 '혼욕'(混浴) 등 독특한 온천문화를 가진 나라다. 일본은 연간 온천 숙박객이 약 1억 3천만 명에 달하는, 그래서 '온천대국'으로도 불린다.

나가노(長野) 현에 있는 시라호네(白骨) 온천은 피부에 좋다는 우윳빛색이 나는 온천수로 유명하다. 그러나 그동안 온천수를 많이 사용해 온천수가 고갈돼 우윳빛 색깔이 엷어지자 시판되는 입욕제를 넣은 사실이 발각(2004년 7월) 돼 충격을 주었다. 한국의 유명 설렁탕집이 국물색깔을 뿌옇게 내려고 커피에 타는 밀크를 국물에 집어넣은 것과 마찬가지라고 할 수 있다.

이를 계기로 곳곳의 온천이 온천물에 수돗물을 탄다든지, 온천 안내장에 성분을 속이는 내용을 적은 사실 등이 속속 드러났다.

예를 들면, 군마(群馬) 현의 이카호(伊香保) 온천 등에선 수돗물과 우물물을 끓여 온천수라고 하는 여관이 적발됐고, 야마나시(山梨) 현의 이사와(石和) 온천 등은 법률로 정한 온천에 해당하지 않는데도 입장객에게 온천 입탕요금을 받고 있는 사실도 밝혀졌다. 전국 19개 부현(府縣) 의 온천이 지방자치단체로부터 주의 등의 행정처분을 받았다.

일본은 곳곳에 온천이 있어 온천대국으로 불린다.
사진은 아키다(秋田)현의 한 온천

일본을 상징하는 것은 후지산, 사쿠라, 온천 등이다. 사진은 도쿄 신주쿠에서 바라본 후지산

전국 각지에서 온천투숙 예약을 취소하거나 온천여행을 기피하는 사태가 줄을 이었다. 온천을 찾는 고객이 격감해, 온천지역 상인들이 비명을 지르는 등 심각한 사회문제가 됐다.

이에 환경성은 2005년 온천법을 개정, 온천물에 우물물이나 수돗물과 같은 다른 물을 넣었는가(加水), 온천물을 데웠는가(加溫), 입욕제, 살충제를 사용했는가 등을 이용자에게 의무적으로 공개하도록 규정했다. 줄어들었던 온천객들도 서서히 회복되었다.

그러나 이 소동이 일어난 후 6년여가 지난 2010년 9월, 가가와(香川) 현 곤피라(琴平) 온천이 온천물에 수돗물을 타 여관 등에 공급한 사실이 적발되는 등 온천의 비리는 여전히 근절되지 않고 있다.

일본요리, 온천, 모찌 등은 수백 년 이상 이어져 내려온, 가장 자랑할 만한 일본적 전통이라 할 수 있다. 그러나 그런 전통이 단절, 훼손되는 일들이 불황이 심화되는 시기에 잇달아 일어난 것이다.

불황이다 보니 일본의 쇼쿠닝과 상인들도 지켜야 할 최저한의 상도의와 양심까지 버리고 오로지 이익을 탐하게 된 것인가? 아니면 이전부터 고객을 속이는 수법을 계속해왔는데, 불황으로 세상인심이 각박해지니 종업원 등 누군가가 고자질을 해 들통이 난 것일까?

Key word

'시니세'

한국에선 과거 장사를 천업으로 여기는 의식 등으로, '3대를 이어 하는 장사가 없다'는 속언이 있을 정도다. 거기에다 일제강점기, 한국전쟁 등의 혼란과 격변으로 2010년 현재 창업 100년을 넘긴 기업은 두산(1896년 창업) 정도다. 서울에서 현존하는 가장 오래된 음식점이라고 불리는 추어탕집 용금옥, 해장국집 청진옥, 곰탕집 하동관 등은 1930년대에 창업해 70~80년 정도의 역사를 가지고 있다.

이에 비해 일본에는 '시니세'(老鋪)라 불리는, 창업 100년(2008년 기준)이 넘는 기업이나 개인 점포가 5만 개에 달하고, 창업 200년을 넘긴 경우는 3천여 개에 달한다고 추정(관련전공학자의 조사)된다.

이들 노점포 중 등록된 회사로 국한하면 데이고쿠(帝國)데이터뱅크의 기업개요 데이터베이스에 수록된 약 125만 사 가운데 창업 100년(2008년 기준)을 넘긴 회사는 약 1.6%에 해당하는 1만 9,518사다. 200년 이상은 938사, 300년 이상은 435사에 이른다.

100년을 넘긴 노점포 중 절반가량은 소매업이나 제조업으로 대부분 수백 년간 자손들이 가업(家業)으로 계승해온 것이다. 이처럼 일본만큼 오래된 기업이 많은 나라는 세계 어느 나라에도 없어, 일본은 세계 제1의 '노점포 대국'이라고 자부한다.

일본에서 가장 오래되고, 세계에서도 가장 오래된 회사는 오사카에 있는 1,400여 년 전에 세워진 사찰, 신사 등을 짓는 건축회사인 '곤고구미'(金剛組)다.

놀랍게도 이 회사의 창업자 곤고 시게미츠(金剛重光)는 578년 쇼토쿠(聖德)태자의 초청을 받고 백제에서 건너간 사찰건축 기술자 3명 중의 한 명으로, 그가 일본 최초의 관립 사찰인 오사카의 시덴노지(四天王寺) 건축에 관계한 것을 이 회사의 발상으로 한다.

그는 당시 최첨단 공법을 일본에 전수하는 역할을 했는데, 일본의 가장 오래된 사서인 《일본서기》(日本書紀)에는 절을 짓는 공인이란 의미의 '조사공'(造寺工)이라고 기록돼 있다.

이후 이 가문은 에도시대까지 천 수백 년간 대대로 이 절의 각종 공사를 담당하는 '궁대공'(宮大工)으로 일정한 녹을 받으며 일했다. 그러나 메이지 유신 후 사찰의 영지소유가 금지됨에 따라 절로부터 받던 녹이 끊겼다.

현대에 들어와서는 사찰 등의 건축, 보수공사 이외에 아파트, 오피스빌딩 등의 일반 건축공사도 하는 회사가 됐다. 그러나 1990년대의 버블 붕괴에 따른 일반 건축부문의 부진으로 차입금이 늘어나 1999년 매상고 약 130억 엔이, 2004년엔 58억 엔까지 떨어지는 경영위기를 맞았다. 이 회사는 2006년 부도위기에 몰렸으나 일본 최고(最古)이면서, 세계최고인 이 회사가 망해서는 안 된다는 오사카 지역 각계의 도움으로 중견 건설회사 다카마츠(高松)건설의 지원을 받아 새 회사를 설립했다.

채무를 안고 있던 옛 '곤고구미'는 2006년 파산하고, 종업원 전원이 새 '곤고구미'회사로 옮겨가 1,400여 년에 이르는 역사와 전통기술은 계승됐다. 새 회사의 고문을 맡은 곤고 마사카즈(金剛正和) 전 사장은 창업자의 39대째 자손이다.

이 밖에 705년 창업한 야마나시(山梨)현에 있는 온천여관, 771년 창업의 교토의 지물포, 889년 창업의 교토의 불구점(佛具店) 등 1천 년 이상 된 가게나 회사도 상당수 있다.

노점포 중엔 온천여관, 주류(제조·판매업), 의류업, 일본과자 등의 업종이 많다. 조그마한 옷가게로 출발해 대형백화점으로 성장한 마츠자카야(松坂屋, 1611년 창업), 일본에서 정찰제 판매를 처음 실시(1683년)한 백화점인 미쓰코시(三越, 1673년 창업)를 비롯, 청주 브랜드로 유명한 주류업체 겟케이칸(月桂冠, 1637년 창업) 등 한국에도 이름이 알려진 기업이 많다.

유럽에도 이같이 수백 년 이상 된 가게나 회사는 별로 흔치 않고, 한국과 중국 등 아시아 국가엔 100년 이상 된 기업도 아주 드물다. 전술했듯이 한국은 장사를 천시하는 사회통념과 전쟁 등으로, 중국은 1949년 공산당 정권이 들어서면서 주식회사가 인정되지 않아 100년을 넘긴 요리점, 한약방 등의 개인점포가 몇 개 있는 정도다.

일본의 노점포는 가업의 형태로 소규모로 내려오는 경우가 대부분이나 그룹차원으로 성장한 케이스도 상당수에 달한다.

최근 중저가 의류메이커로 일본뿐 아니라 한국을 비롯한 세계 각국에서 인기를 끄는 유니클로를 창업한 야나이 다다시(柳井正) 사장 겸 회장의 경우도 야마구치(山口)현의 포목점 아들이었다. 그는 와세다대학을 졸업한 뒤 아버지 회사에 들어가, 저가의류를 전문으로 하는 유니클로로 발전시켜 장기불황에 대성공을 거두고 있다. 이 경우엔 가업을 비약적으로 발전시킨 케이스라고 해야겠다.

가부키(歌舞伎)나 이케바나(生花, 꽃꽂이), 라쿠고(落語, 만담) 등 전통예술의 경우 자식들이 대를 이어 유파(流派)의 맥을 이어오는데 현재에도 그 전통이 이어지고 있다.

예를 들면 2010년말 술자리에서 구타당한 사건으로 일본을 떠들썩하게 한 가부키 배우 이치가와 에비조(市川海老藏)는 에도시대 이래의 유명 가부키 유파인 이치가와 단주로(市川團十郎)가문의 13대손이다.

20, 30여 년 전만 해도 대학을 졸업한 젊은이가 멀쩡한 직장을 그만두고 연로한 부모를 대신해 소바(모밀)집이나 중소기업 등의 가업을 잇기 위해 고향으로 내려가는 것이 당연하다고 여겨졌다. 그러나 최근엔 자신의 생업을 가진 젊은이들이 이전처럼 가업을 잇지 않는 경우가 많아지는 추세다.

일본의 노점포는 중세 이래 상업의 발달과 가업을 중시하는 일본인의 의식을 말해주는 독특한 전통이자, 하나의 문화다. 그러나 노점포도 장기불황과 가업을 이으려 하지 않는 젊은이들의 의식변화로 폐업이 급증하고 있다.

12 흔들리는 '국기'(國技) 스모

Keyword: '요코즈나'

백제사신 환영한 궁중 스모대회도

일본에서 가장 인기 있는 스포츠는 야구다. 매년 봄, 여름 두 차례 열리는 전국 고교야구시합인 고시엔(甲子園) 대회는 지역예선에 참가하는 팀만 해도 2천 7백여 개에 달하고, 일반인들도 큰 관심을 가진다.

12개 팀이 2개 리그로 나눠 벌이는 일본 프로야구는 가장 많은 관중을 모으는 인기스포츠이고, 일본은 WBC대회에서 2연패를 해 실력도 세계 정상급임을 과시했다. 그러나 일본의 '국기'(國技)로 불리는 것은 야구가 아니고 스모(相撲)다.

물론 스모가 국기라고 법령 등에 정해져 있는 것은 아니다. 고대 이래 이어져 내려온 스모는 현재도 일본인들이 스스로 국기라고 부를 정도로, 가장 사랑받는 전통 스포츠이고, 전 세계적으로도 독특한 일본 문화의 하나로 인정받고 있다.

스모에 관한 기록은 사서인 《고사기》(古事記) 나 《일본서기》(日本書紀) 의 신들끼리 벌인 격투에 관한 신화 중에 등장한다. 신화가 아닌 스모와 관련된 가장 오래된 역사적 사실은 흥미롭게도 한국과 관련돼 있는 기사 속에 있다.

백제 의자왕 때인 642년, 일본천황이 "백제사신 대좌평 지적(智積) 등을 환영하는 잔치를 베풀며 건아들로 하여금 궁에서 스모를 하게 했다"고 《일본서기》〔고교쿠(皇極) 천황 원년 6월조〕에 기록돼 있다.

이후 천황들은 중앙집권을 강화하기 위해 신하들을 불러 모아 궁에서 여러 가지 잔치를 열었는데, 그런 잔치 중의 하나로 전국의 '리키시'(力士) 들이 벌이는 스모경기를 개최케 했다. 이같이 스모는 궁중의례의 하나로 오랫동안 행해졌다.

한편 농촌에서는 농민들끼리 즐기던 '구사(草) 즈모'가 있었고, 마을의 수호신을 즐겁게 해드리기 위하여 신에게 바친다는 '호노(奉納) 스모', 즉 제사의식의 하나로도 열렸다.

전국(戰國) 시대가 끝난 뒤인 1645년 교토에서 관의 허가를 받고 행해진 '간진(勸進) 즈모'는 신사나 절 건립자금을 모금하기 위한 종교적 색채가 가미된 스모였다. 그러나 이 간진 즈모는 차츰 리키시 자신들의 생계를 유지하기 위한 흥행성을 띤 상업적 스모로 바뀌어갔다.

여성은 도효 위에 오를 수 없어

오늘날 일본 스모협회가 기획, 운영해 개최하는 흥행을 '오즈모'(大相撲) 라 하고, 1년에 여섯 번 '혼바쇼'(本場所) 라고 불리는 정규대회가 열린다. 이 양식은 간진 즈모를 이어받은 것이다.

혼바쇼는 도쿄, 오사카, 나고야, 후쿠오카 등 전국 주요 4개 도시에서 1월부터 두 달 간격으로 개최된다. 각 대회는 15일간 열리고, 리키시는 매일 다른 상대와 대전한다.

이 혼바쇼는 '하츠 바쇼'(初場所, 1월 도쿄), '하루 바쇼'(春場所, 3월 오사카), '나츠 바쇼'(夏場所, 5월 도쿄), '나고야 바쇼'(名古屋場所, 7월 나고야), '아키 바쇼'(秋場所, 9월 도쿄), '규슈 바쇼'(九州場所, 11월 후쿠오카) 라는 각각의 명칭이 붙어 있다.

현대 스모에도 종교색채가 깔려 있다. 천장에서 드리운 네 기둥으로 구획돼 있는 씨름판, 즉 직경 455㎝의 정방형의 원인 '도효'(土俵) 는 신성한 구역으로 속세와 구별되는 공간으로 여긴다.

여성은 도효 위에 오를 수 없다. 오사카부 지사로 2000년부터 2008년까지 재직했던 오타 후사에(太田房江) 라는 여성은 재직중 오사카 바쇼의 우승자에게 지사가 우승컵을 수여하는 것이 관례인 만큼 자신이 수여하겠다고 했다. 그러나 스모협회는 여성은 도효 위에 오를 수 없다는 규정과 전통을 앞세워 끝까지 불허해, 논쟁이 된 적이 있었다.

리키시들의 동작에도 종교적 요소가 있다. 도효에 올라 손바닥을 치고, 손을 모았다가 벌리고, 다리를 한 발씩 높이 들어 바닥을 힘차게 밟는 행동을 '시코'(四股) 라고 한다. 이는 하늘과 땅의 신에게 도효에 부정이 타지 않도록 비는 의식이자, 몸의 긴장을 풀고 정신을 집중시키기 위한 준비운동이다.

도효의 코너에 있는 물을 국자로 떠서 입을 헹구고 종이로 입가의 물기를 닦는 것은 몸을 깨끗이 해 사력을 다해 싸움에 임하겠다는 다짐을 의미한다. 소금을 쥐었다가 허공에 힘껏 뿌리는 것은 도효의 부정을 씻어낸다는 의미다.

또 승자가 상금이 든 봉투를 받을 때는 손을 좌, 우, 중앙으로 흔든 뒤 받아야 하고, 이겼다고 해서 기뻐하거나 졌다고 해서 불쾌한 표정을 지으면 안 된다. 심판의 판정에 승복하고, 감정표현을 극도로 자제하며 승부를 담담히 받아들이는 자세가 요구된다.

몽골출신인 '요코즈나'(橫綱) (Keyword 참조) 아사쇼류(朝靑龍)가 현역시절 우승을 결정짓는 시합에서 이긴 후 주먹을 불끈 쥐는, 구기 종목에서 흔히 보는 승리포즈 같은 행동을 취했다. 이를 두고 '스모예의에 어긋나는 행동이다', '그 정도는 큰 문제가 없다'는 등의 논란이 있었다. 이같이 스모에는 독특한 예의와 범절이 요구된다.

말썽꾼 요코즈나 아사쇼류… 구타사건으로 은퇴

스모협회는 세계 2위의 경제대국이 된 일본의 경제력을 배경으로 1960년대 중반부터 스모를 전 세계에 알리기 위해 구미제국을 비롯해 남미, 호주 등의 세계 주요도시에서 스모대회를 개최해왔다. 반일감정 등을 고려해 미뤄왔던 서울에서도 2004년 스모대회를 성황리에 '무사히' 개최했다. 이와 함께 NHK 위성방송 등을 통해 스모대회를 전 세계에 중계방송해 스모를 꾸준히 알려왔다. 이를 통해 한국을 비롯한 세계 각국에 상당한 스모 팬이 생겨나는 등 국제화에도 성공했다는 평가를 받았다.

스모는 1990년 초반부터 2000년대 초까지 하와이 출신의 아케보노(曙)와 무사시마루(武藏丸), 고니시키(小錦) 등 200kg이 훨씬 넘는 서양인 거한들이 대거 등장, 서구적 모드가 가미되면서 더욱 인기를 구가했다. 이들 중 고니시키를 제외한 둘은 사상 처음 외국인 요코즈나에 등극해 스모의 국제화에도 크게 기여했다는 평가를 받는다.

이들에 이어 친형제인 와카노하나(若乃花), 다카노하나(貴乃花)가 거의 같은 시기 요코즈나가 돼, 사상 첫 형제 요코즈나로 '와카다카(若貴) 붐'이 일었다.

그러나 이들이 은퇴(2003년)한 후엔 일본인 요코즈나가 나오지 못하고 있다. 스모에 입문하려는 일본 젊은이가 격감하고 있고, 기존 선수들은 기량이 떨어져 있는 것이 그 이유다. 이에 따라 스모의 인기도 하강곡선을 그렸다. 입장객이 차면 경기장엔 만원사례란 의미의 '만원어례'(滿員御禮)라고 적힌 큰 현수막이 걸리나, 근래엔 관중석이 여기저기가 비는 경우가 많아졌다.

© Yonhapnews

현역시절 끊임없이
말썽을 일으킨 몽골출신
요코즈나 아사쇼류

© Yonhapnews

외국인으로 첫 요코즈나가 된
아케보노는 은퇴 후 격투기
선수로 변신했다.
왼쪽은 최홍만

이 같은 상황 속에 일본 스모계는 아사쇼류와 하쿠호(白鵬) 등 두 명의 요코즈나를 배출한 몽골 출신 선수들이 장악하고 있었다. 동유럽 출신 오제키가 두 명 있으나 요코즈나에는 오르지 못한 채여서 몽골세에는 미치지 못했다.

요코즈나에겐 품격이 요구된다. 그러나 몽골에서 씨름을 하던 중 고등학교 때 일본으로 스모유학을 와 요코즈나에 오른 아사쇼류는 품격 같은 데는 관심이 없었다. 그는 끊임없이 말썽을 일으키는 문제아였다. 보름간 계속되는 시합기간 도중에도 밤에는 술집을 드나들었고, 시합장 안팎에서 난폭한 언동을 일삼아 일본 언론 등으로부터 요코즈나로서의 품격이 없다는 비난과 지적을 받았다.

그는 2006년 7월, 스모협회가 주관하는 지방순회 강습회를 부상을 이유로 결석한 뒤 귀국해 몽골에서 친선 축구시합에 나간 것이 일본 텔레비전에 방영돼 스모협회가 출전정지와 감봉 등의 징계를 내리는 등 한바탕 소동이 빚어졌다. 그 후 징계가 풀려 스모에 복귀했으나 2010년 1월 하츠 바쇼가 진행되는 기간 중 밤에 만취상태에서 일반인을 구타하는 소동 끝에 비난여론이 거세지자 어쩔 수 없이 은퇴를 선언했다.

어쨌든 스모는 그동안 전통스포츠란 이유로 정부의 세제혜택과 국민들의 성원을 받으며 발전해왔다. 쇠퇴일로인 한국씨름과 비교하면 부러운 점도 없지 않다. 그러나 스모계는 폭행, 마약, 야쿠자(폭력단) 관련, 도박, 승부조작 등 전근대적인 여러 가지 구조적인 내부결함을 안고 있었고, 과거의 관행을 시대의 변화에 맞게 개혁하는 일은 뒷전이었다.

스모선수, 사범 등 야구도박에 관여… 야쿠자 협박

일본축구가 남아공 월드컵대회에서 사상 첫 원정승리를 거두는 등 선전해 일본열도가 뜨겁게 달아오른 2010년 6월. 이 무렵 스모선수인 리키시 등의 도박사건이 불거져 나와 축구 열기보다 더 뜨거운 사회문제화가 됐다.

이 사건은 관련된 사람들이 60여 명에 이를 정도로 대규모이고, 리키시뿐만 아니라 이들을 지도, 감독해야 할 사범인 '오야가타'(親方) 등이 줄줄이 관련돼 있는 등 스모계에 도박이 구조적으로 만연돼 있어 일본사회에 큰 충격을 주었다. 이 같은 스모계의 불상사에 대해 일본의 국기격인 스모가 "존망의 위기에 처했다"(스모협회 감독관청인 문부과학성 부대신의 기자회견 발언)는 탄식이 터져 나왔다.

발단은 5월 19일 주간지 〈신초〉(新潮)에 실린 현역 인기 스모선수인 '오제키'(大關) 고토미츠키(琴光喜, 당시 34세)가 야구도박에 관계했고, 도박의 배후에 있는 야쿠자로부터 발설하지 않는 조건으로 1억 엔을 내라는 협박을 받았다는 기사였다. 오제키는 10개의 리키시 등급 중, 한국씨름의 천하장사격인 요코즈나 다음가는 두 번째 등급이다.

6월 4일, 다시 사진주간지에 고토미츠키의 도박관련과 스모협회 산하의 도장인 '스모베야'(相撲部屋)의 오야가타가 폭력단과 관계하고 있다는 보도가 터져 나오자, 스모협회는 전 리키시 및 오야가타를 대상으로 도박관련 내부조사를 실시했다.

과거 5년간의 도박사실을 신고할 경우, 정상을 참작해 엄중주의로 관대히 처분한다는 스모협회의 이 조사에 무려 65명의 리키시, 오야가타가 각종 도박에 관련했다고 자진 신고했다. 야구도박에 29명이 관여했고 나머지는 화투, 내기골프 등에 손을 댔다고 신고했다. 프로야구 시합에 돈을 걸고 경기결과에 따라 돈을 따거나 잃는 야구도박은 야쿠자조직이 한 번에 수억 엔의 이익을 챙기는, 자금 조달원으로 알려져 있다.

스모협회에 여론의 비난이 빗발치자 외부 저명인사로 구성된 특별조사위원회가 진상조사를 벌이고 협회장은 책임을 지고 물러났다. 도쿄지검은 고토미츠키를 비롯해 도박관련을 자진 신고한 리키시 등에 대한 수사를 벌여 야쿠자 2명과 중계역을 맡은 전 리키시 등 4명을 구속, 기소했다. 협회는 고토미츠키를 해고하는 등 20여 명의 리키시와 오야가타를 징계처분했다.

연일 각 매스컴이 주요 뉴스로 이 도박파동을 보도하는 가운데 여론이 악화되자 7월 개최된 나고야 바쇼는 NHK 생중계가 취소되고, 이긴 리키시에게 주는 현상금도 전년도에 비해 4분의 1로 격감됐다. 협회는 자숙하는 의미에서 우승자에게 주는 천황하사배 수여도 중단했다. 스모계의 불미스러운 일은 이 건만이 아니었다.

2000년대 중반엔 오야가타와 리키시들이 자신들의 도장에 갓 입문한 어린 리키시를 폭행치사한 사건이 일어나 가해자들이 구속되는 일이 벌어졌고, 리키시들이 대마초를 피운 사실이 드러나 사회문제가 됐다.

2010년엔 교도소에 수감중인 일본 최대의 폭력조직인 야마구치구미(山口組)의 두목에게 산하조직의 간부가 자신의 모습을 보여주기 위해 오야가타 2명에게 스모대회 중 텔레비전 중계방송에 잘 비치는 우선석에 자리를 부탁, 편의를 제공받은 사실이 뒤늦게 알려졌다. 그 오야가타들은 스모협회에서 해고되고 도장은 폐쇄됐다.

그리고 리키시들이 사전에 금품제공 등을 약속하고 승부를 조작한다는, 이른바 '야오초'(八百長) 의혹이 주간지 등을 통해 끊임없이 제기되었다.

도박파동 이후 요코즈나 하쿠호가 연승기록을 역대 최고기록(68연승) 직전까지 가는 63승을 기록하는 데 힘입어 스모는 인기를 어느 정도 만회했다. 중단됐던 TV 생중계도 재개됐고, 천황하사배 수여도 부활돼 스모협회는 일단 한숨을 돌린 셈이었다.

스모계 '야오초' 의혹, 사실로 드러나

그러나 경찰이 도박사건을 수사하는 과정에서 리키시 간에 승부를 조작한다는 이른바 야오초 의혹이 사실임이 드러나 스모계는 다시 발칵 뒤집혔다.

2011년 2월초, 경찰이 도박사건을 수사하면서 압수한 휴대폰 문자 메시지에서 승부조작과 관련한 내용(총 46통, 거명자 14명)을 찾아내, 스모협회 감독관청인 문부과학성에 통보하고 언론에도 공개했다.

스모협회 진상조사위원회의 조사에서 이들 가운데 3명이 승부조작을 한 사실을 인정하자, 협회는 3월에 열리는 정기대회인 '하루 바쇼'를 중지하기로 결정했다.

1833년 현재와 같은 대회가 시작된 후 1946년 대회장 보수공사 지연으로 열리지 못한 적이 한 번 있으나 불상사로 대회를 열지 못하는 것은 사상 처음 있는 일이었다. 간토 대지진(1923년) 때도, 일본이 전쟁중에도 열렸던 스모대회가 선수들의 승부조작으로 열리지 못하게 됨에 따라 스모계는 2010년 도박파동 이후 다시 발칵 뒤집혔고, 국민들에게도 큰 쇼크를 주었다. 한국 프로축구의 승부조작도 국내 팬들에게 충격적이었지만 스모계의 승부조작이 일본국민에게 준 충격이 훨씬 컸다고 할 수 있다. 매스컴은 일제히 "일본의 국기가 존망의 위기에 빠졌다", "스모 역사에 최대오점"이라고 개탄하면서 철저한 진상조사와 스모계의 개혁을 촉구했다.

경찰이 복원한 스모선수들의 휴대전화 문자 메시지에는 2010년 3~5월 대회에서 현역선수인 치요하쿠호(千代白鵬) 등 3명이 져 주기로 한 상대선수에게 어떤 기술을 주고받을지를 상의하는 내용과 금전거래 내

승부조작 사건 발각 후에 열린 스모대회(2011년 5월)에서
스모협회 이사장(가운데)과 리키시들이 사과인사를 하고 있다.

역, 통장번호 등이 들어 있었다.

예를 들면, "처음 부딪칠 때 세게 부딪치고, 그대로 밀고 나가는 걸로 부탁합니다", "그럼, 밀려갈 때 조금은 버티는 척할게", "오늘은 넘어지는 날이다. 어제 부탁받았으니까 일단 넘어질게", "어제는 좋았어요, 오늘은 어떻게 돼요", "다음 바쇼의 일이지만 곤란하다면 20만 엔을 돌려받았으면 좋겠습니다" 등의 내용이다.

스모계의 승부조작 의혹은 오랜 옛날부터 전해져 내려왔고, 주간지 등은 수십 년 전부터 승부조작설을 끊임없이 제기했다. 이에 스모협회나 스모선수가 주간지 측을 명예훼손혐의 등으로 제소해, 결정적인 증거를 제시하지 못한 잡지 측이 패소하는 일도 있었다.

이 휴대전화 문자메시지는 승부조작을 증명하는 결정적인 자료가 돼 리키시 등 관련자들이 시인하기에 이르렀다.

승부조작이 이루어진 배경으로는 스모계의 독특한 선수지위와 시합 운영방식이 지적된다. 이는 Keyword '요코즈나' 항목에서 상술한다.

도박사건과 달리 승부조작은 형사처벌 대상은 아니다. 그러나 승부조작은 스포츠의 본질을 훼손하는 사안이어서 도박사태보다 더 심각하다. 스모계엔 "스모는 더 이상 스포츠가 아니다. 쇼에 불과하다", "스모팬들을 배신한 스모는 더 이상 국기로 보호받을 필요가 없다"는 등 여론의 비난이 쇄도했다.

스모협회는 하루 바쇼(3월) 취소에 이어 나츠 바쇼(5월) 는 정식대회가 아닌 기량심사대회란 이름으로 격하해 열었다. 입장료도 받지 않았다. 대회장 입구엔 리키시들이 휴대전화를 갖고 들어가지 못하도록 전화기를 받아 보관했고, 경기장 안에는 승부조작 감시요원이 배치됐다. 이에 앞서 스모협회는 승부조작에 관련된 리키시 등 25명에게 은퇴권고, 제명 등 스모계로부터의 추방처분을 내려 일단 승부조작과 관련한 매듭을 지었고, 여론도 대체로 이를 수긍하는 분위기였다.

Key word

'요코즈나'

'리키시'(力士)의 세계는 스모의 실력에 따라 등급이 매겨져 있는 철저한 계급사회다. 리키시의 계급은 스모에 갓 입문한 최하급 조노구치로부터 최정상 요코즈나까지 10개로 나뉘어 있다(〈표 4〉 참조).

조노구치에서 어느 정도 성적을 올리면 조니단으로, 이어 산단메, 마쿠시타, 주료, 마에가시라(前頭)의 순으로 승진한다. 마에가시라는 히라마쿠(平幕), 또는 마쿠우치라고도 부른다.

그다음이 고무스비, 세키와케, 오제키의 순으로 이들은 우두머리가 되는 세 가지 역할이란 의미에서 산야쿠(三役)리키시로 부른다. 그 위의 최고실력의 리키시를 요코즈나라고 한다. 요코즈나와 주료까지의 리키시를 세키토리(關取)라고 한다.

요코즈나는 혼바쇼에서 연속우승 등 뛰어난 성적을 올린 오제키 중에서 요코즈나 심의위원회가 선발한다. 요코즈나는 모든 리키시의 꿈이지만 요코즈나에 오르는 것은 매우 힘들다.

동군과 서군으로 나눠 요코즈나를 선발할 수 있으므로 복수의 요코즈나가 같은 시점에 존재하는 경우도 있다. 요코즈나에게는 혼바쇼에서의 뛰어난 성적이 요구된다. 15번 대전한 시합결과가 우승 또는 준우승에 이어, 12승 3패 정도까지는 용인되나 그 이하의 성적이 두 번 이상 계속될 경우 은퇴를 각오하여야 한다.

역대 요코즈나 중 혼바쇼가 시작한 초기단계에서 4패 이상 당하는 등 쇠약해진 기미가 농후할 경우 요코즈나가 소속된 도장의 오야가타는 요코즈나에게 은퇴를 종용한다. 요코즈나가 더 이상 하급 리키시에게 패해 도효 위에서 무릎을 꿇는 비참한 모습을 보이는 것은 바람직하지 못한다는 판단에서다.

요코즈나는 스모경기에서의 좋은 성적 이외에 사생활등에서의 품격도 요구된다. 몽골출신의 아사소류가 역대 우승횟수 3위 등 요코즈나 중에서 뛰어난 성적을 올렸음에도 일본 스모 팬들로부터 지탄을 받았던 것은 경기 중 상대 리키시의 상투를 건드려 실격패를 당하거나, 시합이 끝난 뒤 싸울 듯이 상대를 째려보는 등의 거친 행동에다, 난잡한 사생활 등 품격이 없었던 것도 한 원인이었다.

스모는 혼바쇼 경기가 열리면 NHK에서 생방송으로 중계하고, 각 매스컴에서도 관련 뉴스를 비중 있게 보도하는 등 프로야구나 축구에 못지않은 인기스포츠다.

요코즈나를 비롯한 상급 리키시 중에는 TV 광고 등에 모델로 나오는 등 다른 프로종목의 스타선수 못지않은 인기를 끄는 경우도 있다.

전통 스포츠인 스모를 보호, 육성한다는 취지에서 스모협회는 리키시와 오야가타 등에게 스모협회의 급여규정에 따라 월급을 지급한다. 리키시 등의 생활안정을 위해 1957년부터 월급제가 도입된 것이다. 심판 등 경기진행 요원들에게도 지급되지만 마쿠시타 이하 리키시에겐 월급이 지급되지 않는다.

요코즈나는 월 282만 엔, 오제키는 234만 7천 엔, 세키와케 및 고무스비는 169만 3천 엔, 마쿠우치는 130만 9천 엔, 주료는 103만 6천 엔 등이다. 이 밖에 각종 수당이 지급되고 각 바쇼의 우승자 등에겐 상금이 지급된다.

주료는 월급 100만 엔 이상을 받고 심부름하는 사람이 붙는 등 당당한 리키시로 대접받지만, 바로 밑인 마쿠시타에겐 봉급이 한 푼도 지급되지 않는 등 하늘과 땅 차이의 신분, 수입의 차가 있다. 이 점이 주료들이 승부조작을 하게 하는 한 원인으로 작용했다고 전문가들은 지적한다.

리키시들은 1월부터 11월까지 두 달 간격으로 6번 열리는 정기대회에서 15번 대전해 성적이 7승 8패 이하가 연속 두 번 있을 경우, 요코즈나를 제외하고 지위가 한 계단 밑으로 떨어진다. 그동안 7승 7패의 리키시 중 마지막 날 시합에서 이기는 비율이 80% 이상이 돼 이를 승부조작의 결과로 보는 전문가들의 견해가 많았다.

표 4 | 리키시의 대우 비교

단위: 엔

지위	인원	월급	리키시 포상금	혼바쇼 수당	우승상금
요코즈나(横綱)	1명	282.0만	60만 이상	없음	1,000만
오제키(大関)	4명	234.7만	40만 이상	없음	1,000만
세키와케(関脇)	3명	169.3만	24만 이상	없음	1,000만
고무스비(小結)	2명	169.3만	24만 이상	없음	1,000만
마쿠우치(幕内)	30명	130.9만	24만 이상	없음	1,000만
주료(十兩)	26명	103.6만	16만 이상	없음	200만
마쿠시타(幕下)	120명	없음	없음	15만	50만
산단메(三段目)	200명	없음	없음	10만	30만
조니단(序二段)	218명	없음	없음	8만	20만
조노구치(序の口)	46명	없음	없음	7만	10만

주: 리키시 숫자는 2011년 6월 27일 현재.

특히 주료가 마쿠시타로 떨어질 경우 월급을 한 푼도 못 받는 등 신분과 수입에 큰 타격을 받는다. 이 때문에 주료들 가운데 주료로 살아남기 위해 승부조작을 하는 경우가 생기고, 이번에 관련된 리키시들 중에도 주료가 가장 많았다.

퇴직금은 없으나 인기 요코즈나 등의 경우 스모에의 기여도 등을 감안해 수천만 엔대의 특별 공로금이 지급된다. 아사소류의 경우 폭력사건으로 불명예 은퇴를 했지만 요코즈나로서의 업적을 감안해 특별 공로금으로 상당액을 받은 것으로 알려져 있다.

시합에서 이긴 리키시는 기업, 단체 등이 내건 현상금이 들어 있는 봉투를 가져가는데 한 봉투당 6만 엔으로 정해져(1991년) 있고, 리키시에겐 세금 등을 제외한 3만 엔이 지급된다. 몽골출신 요코즈나인 아사쇼류와 하쿠호가 벌인 결승전 등 인기 리키시 간의 주목되는 대전일 경우 수십 개, 또는 백수십 개의 현상금 봉투가 걸린다.

·제5부·

우경화와 외교분쟁

13 왜 야스쿠니 문제는 해결되지 않는가

Keyword: **조선인 'BC급 전범', '가미가제' 특공대**

우리가 해방, 광복절이라고 부르는 8월 15일을 일본은 '종전(終戰) 기념일', 또는 '종전의 날'이라고 부른다. 일본은 전쟁에 졌다는 것을 인정하기 싫어서인지 패전이 아니고, 그냥 전쟁이 끝난 날이라는 의미에서 종전이란 용어를 사용한다. 이날은 공휴일도 아니다.

해마다 '종전기념일'엔 천황부처와 총리 등이 참석한 가운데 도쿄 황궁 옆의 일본 무도관(武道館)이란 건물에서 전국전몰자 추도식이 열리고, 무도관 바로 건너편에 있는 야스쿠니(靖國) 신사엔 일본의 침략전쟁에서 숨진 군인, 군속(약 230만 명)의 유족 등이 대거 참배한다.

일본이 패전한 지 정확히 65년이 되는 2010년 8월 15일. 참배객은 세월이 많이 흘러 전쟁의 기억이 희미해지면서 점차 줄어들고 있지만, 신사 측에 따르면 이날 약 16만 6천 명이 참배했다고 한다.

예년과 마찬가지로 옛 일본군 군인들의 모습도 보였다. 이들은 대부분 80대 중반을 넘긴 노인들이지만 군복차림에 모형소총까지 들고 나와 일장기를 흔들며 군가를 부르는 사람들도 있고, 과거 부대원들끼리

모여 부대깃발 등을 들고 기념사진을 찍는 모습도 여기저기 눈에 띈다. 새벽부터 몰려든 보도진이 신사의 본전으로 통하는 배전(拜殿) 앞에 진을 치고 각료들 중 누가 참배하는가를 취재한다.

민주당 정권이 들어선 뒤 첫 '종전기념일'인 이 날은 간 나오토 총리를 비롯해 각료전원이 신사참배에 불참했다. 각료가 한 명도 참배하지 않은 것은 1985년 이래 25년 만에 처음이다.

배전입구 게시판엔 태평양전쟁 말기 전투기를 몰고 미군전투함 등에 자폭공격을 가했던 가미가제(神風) 특공대원(Keyword 참조)이 출격 전 고향의 부모에게 보낸 편지가 게시돼 있다. 참배객들 옆에 서서 죽음을 앞둔 스무 살 육군소위의 마지막 편지를 읽어본다. 옆에 있던 젊은 커플은 '가와이소'(가엽다)라며 혀를 찬다.

> 20년간, 긴 세월 동안 키워주신 은혜에 감사드립니다. 덕분에 천황폐하를 위해 기꺼이 목숨을 바치는 인간이 됐습니다. … 친척들에게도 안부를 부탁드리오며 아버님, 어머님 부디 오래오래 사시길 기원합니다.

전국에 신사 8만여 개

일본은 고대 이래 스스로를 신의 나라, 즉 신국(神國)이라 불렀고 일본인들은 매년 정초면 신사에 가 가족건강, 사업번창 등을 비는 신도(神道)가 자연스럽게 일상생활 속에 배어 있는 생활을 영위해오고 있다.

메이지 유신(1868년) 이후 일본 정부는 신국 일본은 신의 자손인 만세일계의 천황이 통치하는 국체를 가지고 있다는, 국체 이데올로기에 기초해 천황에 대한 충성심을 강화시키고 침략전쟁에 국민들을 동원하기 위한 국가신도 체제를 만들었다.

앞서 언급했듯이 현재 전국에 약 8만 개의 신사가 있는 일본에서 가장 중요한 신사는 일본 황실의 선조를 모신다는 이세 신궁이지만 외국에 가장 널리 알려진 신사는 단연 야스쿠니다.

야스쿠니 신사는 한국의 TV 화면 등에서도 자주 보이는 배전과 본전 건물 외에 넓은 경내(약 2만 8천 평)에 여러 건물들이 들어서 있는 규모가 아주 큰 신사다. 지하철 구단시타(九段下) 역에서 내려 신사 정문 쪽으로 들어가면 거대한 철제 도리이(鳥居)가 세워져 있다. 기둥높이가 25m, 기둥 위에 걸쳐놓은 횡목은 길이 34m에, 무게가 100t에 달한다. 본전에 이르기까지 이 같은 도리이가 3개나 더 있어, 동네 곳곳에 있는 규모가 작은 보통 신사와는 다른 장중한 분위기를 풍긴다.

본전 옆엔 유취관(遊就館)이란 전쟁기념관과 같은 건물이 있고 전시실과 그 주변엔 태평양전쟁 때 구 일본군이 사용했던 전투기, 인간어뢰 등의 각종 무기들과 태국과 버마국경에서 사용했던 군용열차(영화 〈콰이강의 다리〉에 나오는 일본군이 사용했던 열차 중 일부를 일본이 구입) 등이 진열돼 있다. 군마와 군견위령탑 등도 세워져 있다.

© Yonhapnews

야스쿠니 신사를 찾은 일본인들

© Maekawa Keiji

일본 동네 곳곳엔 크고 작은
신사가 세워져 있다.
사진은 메이지 신궁

야스쿠니 신사는 일본 군인뿐만 아니라 일본군을 위해 희생됐던 개와 말까지 그 영혼을 위로해 주는 등 일본이 일으킨 침략전쟁을 정당화, 미화하고 있다.

그런가 하면 야스쿠니 신사 경내는 '사쿠라'의 명소로도 유명해 도쿄의 사쿠라 개화를 알리는 표본목이 있고, 봄철엔 수많은 상춘객들이 몰려든다.

'A급' 전범 14명 비밀리에 합사, 외교문제화

야스쿠니 신사의 전신인 도쿄 초혼사(招魂社)가 세워진 것은 메이지 유신 다음 해인 1869년이다.

이 신사는 메이지 신정부 수립 후 구 막부군과의 내전 등에서 죽은 관군을 의미하는 국사순난자(國事殉難者)와 청일, 러일전쟁 등 대외전쟁에서 죽은 전몰자 등의 영혼을 위로하는 시설로 만들어졌다.

막말(幕末) 유신시대의 지사(志士)로 불리는 요시다 쇼인(吉田松陰), 다카스기 신사쿠(高杉晉作), 사카모토 료마(坂本龍馬) 등과 강화도 사건(1875년)이나 임오군란(1882년) 때 죽은 일본군 10여 명도 합사(合祀)돼 있다.

이후 중일, 태평양전쟁 등 일본의 침략전쟁으로 수많은 전사자가 발생해 야스쿠니 신사가 제사 지내는 제신(祭神)은 246만 6, 624위(2009년10월 현재, 《야스쿠니신사 100년사》 등 참고)에 달하고 있다.

한 신사에 하나의 신만 모신다는 '1사(一社) 1주신(一主神)'이 원칙인 일본 신도에선 극히 이례적인 경우로, 이 점이 야스쿠니 신사의 특이성을 말해 준다.

일본 패전 직후인 1945년 12월, 연합국 군총사령부(GHQ)가 일본 정부에 내린 '신도지령'(神道指令)에 의해 국가신도 체제는 폐지됐다. "본 지령의 목적은 종교를 국가로부터 분리시키는 데 있다. 또한 종교를 정치목적으로 오용하는 것을 방지한다"라고 돼 있는 이 지령의 핵심은, 정교분리(政教分離) 방침이었다. 이에 따라 전국에 11만여 개에 달했던 다른 신사와 함께, 국유 국영의 야스쿠니 신사도 일개 종교법인으로 격하됐다.

연합국은 일본이 장기간에 걸쳐 침략전쟁을 계속해온 정신적 배경에 '현인신'(現人神)으로 추앙됐던 천황의 신성성에의 신앙과 신국의식이 근본에 깔려 있다고 보고 국가신도 체제를 폐지한 것이다.

그러나 패전 후 쇼와(昭和) 천황이 처음 야스쿠니를 참배(1951년)한 이래 역대총리는 재임중 거의 참배하는 등 야스쿠니 신사는 전몰자에 대한 위령, 추도, 현창(顯彰)의 중심시설이란 이전부터의 위치는 그대로 유지되었다.

일본의 침략전쟁으로 숨진 한국인, 중국인 및 동남아시아 국가 등의 희생자는 약 2천만 명으로 추산되고, 일본인 군인 및 민간인 희생자는 약 310만 명에 달한다. 후생노동성의 기록에 따르면 중일전쟁이 발발한 1937년부터 1945년 8월까지 군인·군속 230만 명과 민간인 80만 명이 사망한 것으로 돼 있다.

당시 일본 밖을 의미하는 '외지'(外地)에서의 사망자는 필리핀의 51만 8천 명이 최다로, 군인·군속의 경우 6할이 영양부족에 따른 병사를 포함한 아사(餓死)로 분류된다.

일본학계 등에선 일본 정부 지도층과 군부의 강요에 의해 전쟁에 동원된 일반병사들도 전쟁의 피해자라고 주장하는 견해도 있다.

이들 일본인 전사자의 유족들만 해도 수천만 명에 달해 선거를 의식해야 하는 정당들, 특히 보수, 우익성향으로 장기집권했던 자민당은 총리 등의 야스쿠니 참배가 유족 등의 지지를 얻는 중요한 요인 중의 하나였으므로 참배를 정치적으로 이용한 측면도 있다.

"아비의 마음을 아들이 모른다…"

그러나 야스쿠니 신사가 일본 패전 후 연합국 측의 극동 국제군사재판(도쿄재판)에서 이른바 'A급 전범'으로 판결(1948년) 받아 사형 또는 옥사한 도조 히데키(東條英機) 전 총리 등 14명을 1978년 10월 17일 야스쿠니 신사에 비밀리에 합사함으로서, 외교문제로 비화하게 된다.

구 육군성, 해군성의 업무를 이어받은 당시 후생성이 'A급 전범'들의 이름, 소속부대, 계급, 사망연월일, 장소, 사망원인 등을 기재한 '제신명표'(祭神名票)를 신사 측에 1966년 전달해 주었다. 신사 측은 정부로부터 이 '제신명표', 즉 전몰자명부가 송부되지 않는 한 영령으로 합사하지 않는다.

A급 전범들의 합사를 결정할 분위기를 살피던 신사 측은 1978년 10월 17일, 전쟁이 끝난 뒤 30여 년이 지난 만큼 일본사회도 합사를 용인해 줄 것으로 판단하고 슬그머니 합사했다. 유족들에게도 알리지 않았다. 이 사실은 철저히 비밀에 부쳐졌으나 다음 해 교도(共同) 통신의 특종보도(1979년 4월 19일자)로 일본 매스컴과 외신에 일제히 보도돼 세상에 알려졌다.

일본이 벌인 침략전쟁 당시 일본군의 통수권자이자 대원수로 누구보다 무거운 전쟁책임이 있는 쇼와천황(재위 1926~1989년)은 1975년 11월을 마지막으로 야스쿠니 참배를 중단하였다. 신사 측은 A급 전범을 합사하기 전 천황에게 은밀히 합사를 용인해 줄 것을 타진했으나 궁내청은 "그런 일을 하면 폐하는 가시지 않는다"고 전했다고 후일 관계자의 증언에서 알려졌다. 그 이유는 천황이 신사 측의 A급 전범 합사 움직임을 '불쾌하게' 생각했기 때문〔2006년 7월 20일, 〈니혼게이자이 신문〉에 보

일본 A급 전범들을 재판한 도쿄재판에 출석한 도조 히데키 전 총리(오른쪽) 등.

도된 쇼와천황을 보좌한 궁내청 장관 도미타 도모히코(富田朝彦)의 메모]이라고 후일 알려졌다.

이 메모에 따르면 쇼와천황은 합사를 결정한 야스쿠니 신사의 주지격인 궁사(宮司) 마츠다이라 나가요시(松平永芳)가, 1940년대 자신을 모신 궁내성 대신의 아들인 사실에 언급, "… 마츠다이라(궁내성 대신)는 평화에 강한 생각이 있었다고 생각하는데, 아비의 마음을 아들이 모른다고 생각한다. 그래서 나는 그 이후 참배하지 않는다. 그것이 내 마음이다"라고 말했다고 한다.

이 메모에 적힌 천황의 말이 과연 쇼와천황의 말인가 하는 진위논란이 있었으나, 전문가들은 천황시종장 등의 사후 출판된 증언록 등과 대조해 볼 때 천황의 말로 대체적으로 인정하고 있다.

쇼와천황의 아들인 현재의 헤이세이(平成)천황도 야스쿠니를 참배하지 않고 있다. 현재 야스쿠니 신사에는 'A급 전범' 외에 'BC급 전범'(Keyword 참조) 등 총 1,005명의 전범이 합사돼 있으나, 신사 측은 '전범'이란 용어는 연합국 측의 주장에 불과하다며 이들을 '쇼와순난자'(昭和殉難者)라고 부른다.

1985년 8월 15일 나카소네 야스히로(中曾根康弘) 총리는 '전후 정치의 총결산'을 주창하며 일본 총리로선 사상 처음 야스쿠니 신사를 공식참배했다. 그의 공식참배를 한국과 중국이 침략전쟁을 미화하는 행위라며 맹반발하자 나카소네는 이듬해 참배를 중단했다.

이전까지 총리들은 의식적으로 8월 15일을 피하거나, 8월 15일 사상 처음 참배(1975년)한 미키 다케오(三木武夫) 총리도 어디까지나 '사적(私的) 참배'라고 강조했다. 1978년 8월 후쿠다 다케오(福田赳夫) 총리도 사적 참배를, 1982년 8월 스즈키 젠코(鈴木善幸) 총리의 경우는 공적인지, 사적인지조차를 아예 밝히지 않는 애매모호한 참배를 했다.

재임중 공식참배 계속 강행한 고이즈미

나카소네는 이에 앞서 A급 전범 분사안(分祀案)을 도조 등의 유족과 신사 측에 타진했으나 양측은 모두 거절했다. 도조의 장남(미쓰비시자동차 전 사장)은 A급 분사안에 대해 "도쿄 재판에서의 전승국 측의 이론을 인정하는 것은 받아들일 수 없다"며 거절 이유를 밝혔다. 나카소네는 유족과 신사 측 모두가 반대하는 A급 분사안을 더 이상 추진하지 않았다.

2001년 4월, 자민당 총재선거에 나선 고이즈미 준이치로 후보는 "총리에 취임하면 어떤 비판이 있더라도 8월 15일에 야스쿠니 신사를 참배할 것"이라고 명언, 총리에 취임한 해인 2001년 8월 13일 참배한 뒤 퇴임(2006년 9월) 할 때까지 매년 여섯 차례 참배했다(2002년 4월, 2003년과 2004년은 1월, 2005년 10월, 2006년 8월 15일).

고이즈미 총리의 야스쿠니 참배에 대해 한국과 중국은 "전쟁책임을 부인하는 군국주의의 부활"이라고 거세게 비난하며 참배중단을 촉구했다. 그러나 고이즈미는 한국과 중국의 참배중단 요구를 무시한 채 "다시는 전쟁을 일으키지 않는다는, 부전(不戰)의 결의를 다짐하기 위해 참배하는 것"이라며 매년 참배를 계속, 특히 중국각지에선 격렬한 반일데모가 일어나기도 했다. 고이즈미의 야스쿠니 참배강행으로 한일, 중일 관계는 양국 간 수뇌회담이 일절 단절되는 등 외교적 긴장관계가 계속됐다.

메이지천황이 명명했다는 '靖國神社'의 '靖國'(정국)은 중국고전 〈좌씨춘추전〉(左氏春秋傳)에 나오는 말로 '나라를 안정케 한다'는 의미다.

그러나 야스쿠니는 나라를 평안케 하기는커녕, 일본의 국론을 분열시킬 뿐만 아니라 동아시아 전체의 평화와 안정을 위협하는 화근이 되고 있다.

고이즈미 정권 기간 중 별도의 국립 추도시설을 세우자는 방안이 관방장관 산하에 민간인들로 구성된 '야스쿠니 문제 사적 간담회'의 의견으로 제안됐다. 그러나 자민당과 정부는 시큰둥한 반응을 보였고, 여론의 지지도 받지 못해 흐지부지됐다. 당시 한국과 중국으로부터는 외국인들도 참배할 수 있는 별도의 국립 추도시설 건립이 바람직하다는 의견이 많았고, 민주당 정권(2009년 9월)이 들어선 이후도 양국은 여전히 이 방안을 선호하고 있다.

민주당은 야당시절 이래 국가 추도시설 건립안을 지지하고 있으나 제1야당이 된 자민당과 유족회가 강력 반대하고 있어, 구체적인 움직임을 보이지 않고 있는 상태다. 고이즈미 퇴임 후엔 '시끄러운 야스쿠니'가 일단 잠잠한 상태가 돼 있는 셈이다.

한국, 타이완인 5만 명도 합사

야스쿠니엔 일본인뿐 아니라 구 일본의 식민지였던 조선과 타이완(臺灣) 인들도 합사돼 있다. 일본의 침략전쟁에 군인, 군속으로 끌려가 전사한 조선, 타이완인들은 1945년 8월까지는 '일본국민'으로서 합사됐고, 패전직후의 혼란기를 지난 1959년경부터 구 후생성이 다시 조선인 등의 이름, 사망일시 등을 적은 제신명표를 야스쿠니 신사에 전달해 합사돼 있다.

신사에 합사된 조선인은 2만 1,181명, 타이완인은 2만 7,863명으로 합치면 약 5만 명 정도 된다. 이 가운데에는 이른바 'BC급 전범'으로 처형됐던 49명도 포함돼 있다. 야스쿠니 신사에 합사된 한국인 등의 유족들에겐 아무런 통보가 없었고, 전사했다는 통보조차 없는 경우가 대부분이었다.

조선인 등의 합사가 세상에 알려진 것은 1977년 일본신문에 보도되면서부터였다. 이때부터 한국과 타이완의 유족들로부터 합사취소를 요구하는 목소리가 나오기 시작했다. 그러나 1979년 당시 야스쿠니 신사의 책임자인 궁사는 다음과 같이 주장했다.

> 전사한 시점엔 일본인이었기 때문에, 죽고 난 뒤 일본인이 아니라는 것은 있을 수 없는 일이다. 또 일본의 병사로서 죽으면 야스쿠니에 묻혀 제사 지내질 것이란 기분으로 싸우다 죽은 것이므로 유족의 요구로 취소될 이유는 없다. 내지인(일본인)과 마찬가지로 전쟁에 협력해 달라는, 일본인으로서 전쟁에 참가한 이상, 야스쿠니에서 제사 지내는 것은 당연하다. 타이완에서도 대부분의 유족은 합사에 감사해하고 있다.
>
> — 〈아사히신문〉, 1979년 4월 16일자

이 야스쿠니 신사 궁사의 주장은 전쟁이 끝난 뒤 20여 년이 지난 시점인데도 식민지시대와 다름없는 인식을 보여준다. 이 같은 야스쿠니 신사 측의 인식은 그 후 30여 년이 지난 현재에 이르기까지 변함이 없고, 고이즈미 전 총리를 비롯한 자민당 등 일본의 보수, 우익인사들의 인식도 비슷하다고 하겠다.

조선인 유족들의 합사 취소 요구

홍사익(洪思翊, 1889~1946년)은 조선인 가운데 일본 육사를 나와 유일하게 육군중장까지 올라 1945년 8월 당시엔 필리핀주둔 일본군 남방군 총사령부 병참총감으로 연합군 포로수용소장을 겸직하고 있었다. 그는 일본패전 후 포로학대 등의 혐의로 필리핀 법정에서 전범으로 사형판결을 받고 1946년 처형당했는데 1966년 야스쿠니에 합사됐다.

학도병으로 오키나와전에 가미가제 특공대의 일원으로 출격 전 일본군 동료들 앞에서 아리랑을 불렀다는 대위 탁경현(卓庚鉉, 일본명 光山文博)은 1973년 합사됐다. 타이완 전 총통 이등휘(李登輝)의 형(李登杰)은 일본해군 상등병으로 1945년 마닐라에서 전사한 뒤 야스쿠니에 1969년 합사돼, 이등휘는 방일할 때면 참배한다고 한다.

일본이 침략전쟁에 조선인들을 동원한 것은 총력전 체제를 구축한 중일전쟁(1937년) 이후 본격화됐다. '천황의 군대'의 일원으로 전쟁에 동원된 조선인은 일본의 조사통계로만으로도 징병 약 11만 명, 군속 12만 6,047명 등 약 24만 명에 달한다.

고이즈미 총리가 야스쿠니 신사에 참배한다고 공언한 2001년 6월 29일, 일본의 침략전쟁에 동원돼 전사했던 한국인의 유족 267명은 도쿄지방재판소에 합사통지의 철회 및 손해배상, 유골반환 등을 요구하는 합사취소 소송을 제기했다. 한국인이 야스쿠니 신사에 합사돼 있는 것은 일본헌법의 정교분리원칙 위반이란 것이 그 이유다. 원고 중 한 사람(이희자, 1943년생, 한국 거주)은 자신의 아버지의 합사와 관련한 심정을 다음과 같이 말하고 있다.

일본군에서 조선인으로 가장 높은 계급인 육군중장에 올랐던 홍사익과 그 가족들

1980년대 후반 태평양전쟁 유족회가 일본의 전쟁책임을 묻고 보상을 요구하는 운동을 벌인다는 얘기를 듣고 가입해, 국립기록원을 찾아가 아버지 기록을 찾고 있었다. 어느 날 징용 간 조선인을 지역별로 기재한 두꺼운 명부에 아버지의 일본이름인 '李原思運'을 발견했다.

아버지의 난에 본적지, 가족명, 사망연월일 등이 적혀 있는데 자세히 보니 합사(合祀)라는 도장이 찍혀 있었다. 합사란 것이 무엇을 말하는지 잘 모르고, 또 이상한 생각이 들어 일본인 지인에게 물어보았다. 지인으로부터는 놀라운 답이 돌아왔다. 일본인은 천황을 위해 전쟁에 참가해 전사할 경우 야스쿠니 신사에 모셔져 영령으로 자랑스럽게 받들어진다는 것이었다.

그렇지만 우리 아버지는 일본인이 아니고, 어쩔 수 없이 전쟁에 끌려간 것이지 결코 천황을 위해 싸운 것도, 일본을 위해 기꺼이 돌아가신 것도 아니다. … 명부의 아버지 이름과 합사라는 도장을 본 순간 분노가 치밀어 올랐다. 천황제와 군국주의를 상징하는 야스쿠니신사에 내 아버지가 영령으로 합사돼 있다니 … 이때만큼 분노로 전신이 떨리고 머리에 피가 치밀어 오른 적이 없었다. 도대체 야스쿠니는 누구의 허락을 얻어 합사했단 말인가. 가족도 모르는 사이에 합사라니, 해도 너무한다. 결코 용납할 수 없다. … 일본정부와 야스쿠니 신사를 상대로 재판을 할 수밖에 없다.

— 李煕子 · 竹見智恵子, 《アボジが帰るその日まで》, 47~51쪽

일본인 합사자 유족 가운데도 야스쿠니 신사가 유족의 동의 없이 무단으로 합사하고 있는 것은 신교의 자유를 보장하는 헌법위반이라며 합사취소와 손해배상을 요구하는 소송을 벌인 경우가 여러 번 있었다. 그러나 신사 측은 한국이나 일본인 유족들의 합사취소 요구에 "이미 신이 되어 있는 인간을 취소하는 것은 불가능하다"고 주장한다. A급 전범

분사를 인정할 수 없다는 것과 같은 논리다.

2009년 10월 29일, 한국인 유족들의 합사취소 요구 소송을 심리중이던 도쿄 지방고등재판소는 "합사를 결정한 것은 야스쿠니 신사로 국가가 신사와 일체가 돼 행했다고는 인정할 수 없다"며 원고의 청구를 기각한 도쿄 지방재판소의 판결을 지지, 항소를 기각했다.

판결은 합사를 가능케 했던 구 후생성의 전몰자 명부의 통지에 대해서는 '합사를 상당히 지원한 의도가 전혀 없다고는 할 수 없는 행위'라고 지적하면서도 '같은 정보제공이 유족회 등에도 있었던 것을 감안할 때 특별히 야스쿠니 신사에만 상당한 지원을 했다고는 단정하기 어렵다'고 주장, 종교활동에 해당하지 않는다는 견해였다.

2011년 7월 21일, 도쿄 지방재판소도 한국인 유족 등의 합사취소 요구를 마찬가지 이유로 기각하는 판결을 내렸다.

일본 법원은 신사에 전몰자 명부를 전달하는 데 정부(구 후생성)가 조직적으로 명명백백히 관여하고 있었는데도 이 같은 판결을 내리고 있어, 한국인 유족들의 합사취소 요구가 법률상 인정되는 것은 기대하기 어려운 상황이다.

'물항아리의 물' 이론

그렇다면 왜 야스쿠니 신사는 A급 전범을 분사(分祀)하거나, 한국인 등의 합사(合祀)를 취소할 수 없다는 것일까?

야스쿠니 신사 측은 앞서 언급했듯이 '분사 또는 취소는 신도(神道)의 신앙상 있을 수 없는 일'이라는 논리를 내세우고 있다.

야스쿠니 신사는 BC급 전범(사형판결 984명)은 물론 A급 전범, 그리고 구 식민지출신 및 일본인 전몰자까지 합사돼 있는 것을 일절 취소할 수 없는 것은 나라를 위해 전사했다고 국가가 인정한 영령에 대해서는 '한 사람도 남기지 않고 영원히 제사 지내야' 하기 때문이라는 것이다.

야스쿠니 신사가 창건된 의미는 유족을 위한 신사라기보다는 국가를 위한 신사라는 점을 앞세우고 있다. 이 같은 논리에서 정치적 또는 외교적 이유에서 A급 전범이나 구 식민지 출신자의 합사를 한 건이라도 취소할 경우, 다른 이유로 취소를 요구하는 경우에도 응하지 않을 수 없으므로 일절 불응하고 있는 것이다.

이 같은 입장에 따라 신사 측은 A급 분사안에 대해 "전 유족이 찬성한다 해도 분사는 있을 수 없다"(2004년 4월, 야스쿠니 신사의 공식견해), "분사는 신도의 본의에서 있을 수 없는 일이다"(2005년 6월, 신사의 연합조직인 신사 본청의 견해)는 등 요지부동이다.

야스쿠니 측이 주장하는 분사 불가론을 알기 쉽게 설명하는 비유로는 '물항아리의 물'이론이 가장 설득력이 있다고 한다. 즉, "물항아리에 들어가 합쳐진 물 가운데 14인분(A급 전범)의 물만을 따로 들어내는 것은 불가능하다"는 것이다.

분사하려고 한다면 '궁사의 결심에 따라 5분이면 된다'(나카소네 전 총리) 고 하지만, 현재 단순한 일개 종교법인에 불과한 야스쿠니 신사의 책임자인 궁사에게 결정적인 영향을 미칠 수 있는 상부기관이나 인물도 없다.

앞서 언급했듯이 A급 전범을 합사할 당시의 궁사 마츠다이라는 A급 합사에 부정적이었다는 쇼와천황의 의중도 무시한 채 결정했다. 마츠다이라는 나카소네 총리가 공식참배할 때도 나카소네가 신도의 제식(祭式)에 따르지 않은 '비례(非禮) 참배'라고 화를 내며, 현직총리가 왔는데도 출영조차 하지 않았다. 이 같은 사정을 감안할 때 신도의 교리를 앞세우며 분사 등에 반대하는 궁사를 설득시키는 것은 거의 불가능한 일로 보인다.

그렇다면, 야스쿠니 신사가 합사할 때 유족들에게 동의를 얻지도 않고, 통보조차 하지 않는 것은 무슨 이유에서일까?

일본이 패전하기 전 야스쿠니 신사에 합사하는 절차는 육군, 해군 대신의 상주에 의해 천황이 재가, 관보에 실리면 신사가 합사제(合祀祭)를 올리는 것이었다. 다시 말해 군주와 국가를 위한 전사자로 인정받은 영령에 대해 천황의 재가를 얻어 야스쿠니에 제사 지낸다는 종교적 시스템인 것이다. 유족들에겐 별도로 통보할 필요가 없다는 논리가 나온 배경이다.

야스쿠니 신사의 한 주요 간부는 1984년 일본인 유족들이 제기한 합사 취소소송인 '이와테(岩手) 야스쿠니 소송'에 증인으로 나와 "나라를 위해 돌아간 사람들을 제사 지내는 것이 야스쿠니 건립 이래의 전통이므로, 그 전통에 따라 유족에게 별도의 동의를 구하지 않고 합사하는 것"이라고 답변했다. 야스쿠니 측은 "예전엔 야스쿠니에 모셔진 것만 해도 다들 영광으로 생각하지 않았느냐"고 반문하기도 한다.

민주당정권은 참배 안 해… 뇌관으로 잠복상태

2006년, 〈아사히신문〉에서 실시한 국가가 추도하는 시설로서 가장 적합한 것을 묻는 여론조사 결과는 '현재 그대로의 야스쿠니 신사'가 37%로 가장 높았고, 'A급 전범을 제사 지내는 것을 중지하는 야스쿠니 신사'와 '종교와 관계가 없는 새로운 국립 추도시설'이 각각 19%, '치도리가후치(千鳥ケ淵) 묘원(야스쿠니 신사 인근에 있는 무명전몰자 묘지)'이 15%의 순이었다.

앞서 언급했듯이 2009년 9월 집권한 민주당 정권은 하토야마 전 총리가 참배하지 않은 데 이어, 2010년 8월 15일에도 간 나오토 총리를 비롯한 각료 중 한 명도 참배하지 않았다. 총리취임 이전엔 여러 차례 참배한 적이 있었던 간 총리는 "A급 전범이 합사되어 있어 수상과 각료가 공식참배하는 것은 문제가 있다고 생각한다"고 참배하지 않는 이유를 밝혔다.

고이즈미 총리 퇴임 이후 역대 총리들이 '8월 15일 공식참배'를 자제하고 있어 야스쿠니 문제는 일단 소강상태에 들어갔다고 할 수 있다. 그러나 야스쿠니 문제의 근본적 해법을 찾기는 어려워 보인다.

우선 야스쿠니 신사 측이 종교상의 이유로 A급 전범 분사와 한국인 합사 취소요구를 완강히 반대하고 있고, 패전 직전의 오키나와 전에서 전사한 일본인 유족들의 합사취소 요구를 '신교의 자유를 방해하지 않았다'며 기각한 나하(那覇) 지방재판소 판결(2010년 10월 26일) 등 야스쿠니 관련소송의 법원판결은 거의 야스쿠니 측에 유리하게 나고 있다.

거기에다 별도의 국립 추도시설을 설립하는 방안도 추진강도가 낮고 여론의 지지도 없는 등, 뾰족한 해결책이 없기 때문이다.

앞으로 자민당 등 보수, 우익정파가 다시 집권해 일본 사회의 우경화 현상이 심화될 경우 고이즈미의 참배강행과 같은 현상이 재현되고, 그에 따라 일본과 한국 및 중국 간의 마찰이 다시 불거질 가능성이 크다.

이처럼 일본인의 특이한 종교관, 국가관, 역사인식 등이 난마처럼 얽혀 있는 야스쿠니 문제는, 언제 동아시아 3국을 다시 분쟁 속으로 몰아넣을지 모르는 뇌관으로 잠복해 있다.

야스쿠니 문제를 둘러싼 약사

1869년 도쿄 초혼사 창건. '메이지천황의 은전에 따라 무진(戊辰) 전쟁에서 죽은 자들의 영혼을 위로하기 위해서'.

1879년 야스쿠니 신사로 개칭.

1945년 연합국군 총사령부(GHQ)가 발령한 '신도지령'(神道指令)에 의해 정부의 신사·신도보호를 금지.

1946년 야스쿠니 신사, 종교법인으로 등기완료.

1948년 도쿄 재판에서 A급 전범 25명에게 유죄판결. 요시다 시게루(吉田茂) 총리 참배.

1951년 샌프란시스코 강화조약 조인, 일본 측 11조에서 도쿄 재판을 수용. 쇼와천황 부부 전후 첫 참배.

1956년 후생성이 '야스쿠니 신사 합사 사무에 관한 협력에 관해서'라는 공문을 각 도도부현(都道府縣)에 송부, 이에 따라 신사에 합사할 전몰자 선별작업에 들어감.

1968년 후생성, A급 전범의 '제신명표'를 야스쿠니 신사에 송부.

1968년 일본인 기독교 목사가 형의 합사취소를 신사 측에 요구.

1973년 야미구치(山口)현 자위관 합사거부 소송제기(지방 호국신사에 합사됐던 자위관의 처가 합사취소를 요구).

1975년 미키 다케오 총리, 현직총리로서 사상 처음 8월 15일 야스쿠니 신사를 참배. '사적 참배'라고 표명.

1975년 쇼와천황이 최후의 참배(11월).

1978년 야스쿠니 신사가 A급 전범을 합사(10월, 미공표).

1979년 A급 전범 합사가 매스컴에 보도(10월) 됨.

1985년 '전후정치의 총결산'을 내건 나카소네 야스히로 총리가 사상 처음 8월 15일 야스쿠니 신사를 공식참배. 한국과 중국이 반발.

1986년 나카소네 총리, A급 전범 합사 등을 이유로 야스쿠니 신사 참배를 중지.

1988년 최고재판소(대법원), 야마구치현 자위관 합사거부 소송에서 자위대의 행위(지방호국신사에 합사)에 대해 '자위대원의 사회적 지위 향상과 사기고양을 꾀하기 위한 세속적인 목적' 등을 이유로 합헌 판단.

2001년 고이즈미 준이치로 자민당 총재후보, 총재선거에서 '총리에 취임할 경우 어떠한 비판이 있더라도 8월 15일 반드시 참배할 것'이라고 명언.

2001년 8월 13일 고이즈미 총리 참배(한국과 중국 맹반발, 이후 외교문제화).

2002년 4월 21일 고이즈미 총리 참배.

2003년 1월 14일 고이즈미 총리 참배.

2004년 1월 1일 고이즈미 총리 참배.

2005년 10월 17일 고이즈미 총리 참배.

2006년 8월 15일 고이즈미 총리 참배.

2009년 민주당 집권 이후, 하토야마 유키오 총리 A급 전범 합사 등을 이유로 참배치 않겠다고 명언(9월).

2010년 간 나오토 총리, A급 전범 합사 등을 이유로 총리 재임중 참배할 생각은 없다고 명언(6월). 간 총리를 비롯, 전 각료 중 1명도 8월 15일 참배치 않음.

2010년 오사카 지방재판소, 야스쿠니 분사요구 소송에서 합사는 위헌이 아니라고 판결(12월).

Key word

조선인 'BC급 전범'

제2차 세계대전이 끝난 뒤 미국, 영국, 프랑스, 소련 등 전승국은 패전국의 전범을 재판하기 위해 독일 뉘른베르크와 도쿄에서 각각 국제군사재판을 열었고, 전쟁범죄를 3개의 카테고리로 분류했다. 침략전쟁을 개시한 '평화에 대한 범죄', 종래의 국제법에 명기된 '통례의 전쟁범죄', 그리고 전쟁행위 이외의 대량학살, 학대 등의 '인도에 관한 범죄' 등이다.

일본에서는 미군 준기관지인 〈성조지〉의 관련기사를 신문이 '범죄자 3계급'(〈아사히신문〉, 1945년 12월 15일자)이란 제목하에 각각 'A급', 'B급', 'C급'으로 번역, 게재해 이 같은 잘못된 명칭이 지금까지 사용되고 있다. 전범을 혐의의 경중에 따라 'A', 'B', 'C'로 분류하지 않았고, 특히 B급과 C급을 따로 구분해 재판했던 것도 물론 아니다. 독일에선 이 같은 호칭은 사용되지 않았다.

이후 일본에선 'A급 전범'과 'BC급 전범'이란 용어가 광범위하게 사용됐고, 'A급은 국가지도자, B급은 전쟁범죄를 명령한 자, C급은 명령에 따라 전쟁범죄를 실행한 자'로 분류하는 통설도 생겨났다(이 책에선 편의상 이른바 'A급 전범', 이른바 'BC급 전범'으로 표기한다).

1945년 11월부터 10개월간 열린 뉘른베르크재판에선 헤르만 괴링 원수, 루돌프 헤스 나치당 총통대리 등 나치독일의 지도자였던 전범 피고 24명 중 19명에게 교수형, 종신형 등의 유죄판결이 내려졌다.

도쿄의 옛 일본육군사관학교에서 1946년 5월부터 1948년 11월까지 열린 극동 국제군사재판에서는 도조 히데키 총리 등 전쟁을 지휘한 일본의 정부, 군지도자 등 이른바 'A급 전범' 피고 28명 중 정신병 1명, 사망 2명을 제외한 전원에 '평화에 대한 죄' 등으로 교수형(도조 등 7명, 1948년 12월 23일 처형) 등의 유죄판결이 내려졌다. 이들 7명 이외에 종신금고 등의 징역형을 받았던 'A급 전범'

들은 도쿄 스가모(巢鴨)형무소에서 수감생활을 하다 1958년 4월까지 전원이 감형 등으로 석방됐다.

도쿄에서 열린 'A급 전범' 재판은 흔히 '도쿄 재판'으로 불리고, 이른바 'BC급 전범' 재판은 미국, 영국, 오스트레일리아, 프랑스, 중국, 네덜란드, 필리핀 7개국이 참가한 가운데 일본을 포함한 아시아, 태평양각지의 49개 법정에서 열려 체포자 약 2만 5천 명 중 약 5천 7백 명이 기소돼, 그 가운데 948명이 사형판결을 받았다. 이 중 934명은 사형이 집행됐고, 나머지는 감형, 옥사, 도망 등이다. 이와 별도로 소련과 중국 공산당에 의한 처형도 있으나 상세는 불명이다.

일본에 의한 침략전쟁중의 행위를 재판한 이 법정엔 일본인뿐만 아니라 일본의 식민지 국민이었던 조선인 148명(이 중 사형 23명)과 타이완인 173명(사형 26명)도 전범으로 처벌받았다. 조선인 전범 중 일본군인은 필리핀 포로수용소장 중장 홍사익(사형)과 필리핀 산중에서 게릴라전을 벌였던 2명의 지원병(유기징역) 등 3명에 불과하고 나머지는 태국, 말레이시아, 인도네시아 등지의 포로수용소 감시요원으로 징집된 군속이 대부분(129명)이었다.

감시요원은 일본군의 포로가 된 연합군의 장병들을 감시하는 것이 그 임무였다. 전쟁중 감시요원이 된 조선청년은 약 3천 명이고 그 가운데 129명이 전범으로 처벌받아, 그 비율은 4.3%에 달한다.

이 비율은 일본의 식민지 경영과 침략전쟁중 공포의 대상이었던 '겐페이'(憲兵), 즉 일본군 헌병의 전범비율(헌병총수 3만 6천여 명 중 전범은 1,534명으로 4.3%)과 같은 수치다. 통역이나 종군간호부와 같이 군에 동원된 민간인 신분에 불과한 군속인 조선인 포로감시요원들이 이처럼 전범으로 무거운 처벌을 받은 것은 무슨 이유에서일까?

일본군이 포로에 관한 국제협정인 제네바 협정을 무시한 채 연합국포로들을 철도건설 등에 강제로 동원하고, 구타·감금 등의 가혹행위에 의해 포로 중 27%가 사망한 사실과 무관치 않은 것으로 일본학계에선 분석하고 있다.

일본이 스스로 침략전쟁을 '천황을 위한 성전(聖戰)'이라고 강조했지만 전쟁이 끝난 뒤 천황의 전쟁책임은 불문에 부쳐졌고, 일본인을 제외하고도 아시아제국에서 약 2천만 명의 희생자를 낸 전쟁을 일으킨 일본정부 및 일본군지도자들 가운데 'A급 전범' 7명만이 교수형을 받았다.

이 같은 'A급 전범' 처벌과 비교해 볼 때 포로감시요원에 불과한 조선인 'BC급 전범' 23명이 사형당한 것은 얼마나 무거운 처벌인지 알 수 있다.

일본군의 명령에 따라 움직일 수밖에 없었던, 가장 하급직책인 조선, 타이완인 군속들이 애꿎게도 가장 무거운 전쟁책임을 졌다고 할 수 있다. 이들의 불명예는 씻어지지 않은 채 60년 이상의 세월이 흘러갔고, 국내와 일본에 있는 고령의 'BC급 전범' 생존자들은 점차 줄어들고 있다.

Key word

'가미가제 특공대'

일본은 고대시대 백제, 고구려, 신라 등 한반도국가로부터 한자, 불교, 유교 등의 선진문물 제도를 받아들였고, 이와 함께 수, 당시대에 중국의 문물을 배우기 위한 사신(유학생도 딸려 보냄)인 '견수사'(遣隋使), '견당사'(遣唐使)를 파견하기도 하였다.

그러나 일본은 607년 수나라에 보낸 국서에 '해뜨는 나라의 천자가 해지는 나라의 천자에게 국서를 보낸다 …'[중국의 사서 《수서》(隋書)]고, 일본의 천황을 중국의 황제와 대등하게 칭했다. 이에 수양제가 '불쾌해하며 야만족의 무례한 문서는 나에게 가져오지 말라'고 지시했다고 《수서》에 기록돼 있다.

중국과 육지로 연결돼 있는 한반도에 있었던 국가들은 역대 중국왕조의 침략을 받아 크고 작은 수십 차례의 전쟁을 치렀고, 수많은 인명살상과 국토유린 등 막대한 피해를 입었다. 그러나 중국과의 사이에 바다를 격해 있는 일본은 고대 이래 근대에 이르기까지 중국왕조와 단지 수차례 전쟁을 치렀다. 그 전쟁은 대부분 한반도에 있었던 역대왕조를 지원하거나 침략하는 과정에서 일어난 것이었다.

7세기 중반, 신라가 당나라와 손잡고 백제를 멸망(660년)시키자, 일본(당시의 명칭은 왜국)은 백제부흥을 위해 세 차례에 걸쳐 수만 명의 군대를 파견했다. 일본군의 사상 첫 해외파병이다. 그러나 나당연합군에 현재의 금강하구인 백촌(白村)강 전투(663년)에서 대패했다.

원나라는 고려를 부마국으로 삼은 뒤 일본을 치기 위해 두 차례(1274년, 1281년) 십수만 명의 대군을 고려군 등과 함께 규슈(九州)에 보내 하카다(博多)만 등에 상륙했으나 공교롭게도 두 번 다 태풍을 만나 퇴각, 일본 정벌은 실패로 돌아갔다. 몽골군이 태풍 때문에 물러난, 일본의 '우연의 승리'였지만 이후 일본엔 이를 두고 '신이 일본을 지켜준 것', '일본은 신의 나라(神國)'라는 관념이 생겨났고, 그 태풍은 '가미가제'(神風)로 신격화됐다. 이후 '일본 신국설'은 광범위하게 퍼져나가 무사인 사무라이(侍)들에게는 '이국(異國) 정벌'의 사고를 형성케 한다.

그 이국 정벌의 첫 시도가 중세 전국시대를 천하통일한 도요토미 히데요시(豊臣秀吉)가 조선침략에 나선 임진왜란(1592~1598년)이다. 일본군은 조선군 및 조선을 지원하기 위해 파병된 명나라 군대와 한반도와 주변해역에서 전쟁을 벌였다. 두 차례에 걸쳐 각각 십여만 명의 대병력을 동원한 도요토미의 조선침략은 일본을 피폐하게 했고, 도요토미가 사망(1598년)하자 결국 임진왜란은 끝났다.

조선인 가미가제 특공대를 칭송한 노천명(盧天命)의 시

일본은 메이지 유신(1868년)으로 근대화에 성공하자 청일전쟁(1894~1895년)을 촉발시켜 잠자는 노대국 청나라를 간단히 제압했다. 일본은 청일전쟁의 승리로 타이완 등을 전쟁배상으로 할양받는 등, 이후 1백여 년간 중일관계에서 우위에 서 왔다고 할 수 있다.

청일전쟁에 이어 일본은 러일전쟁(1904~1905년)에서도 승리, 한국을 식민지로 손아귀에 넣은 뒤 대륙진출을 본격화해 만주사변(1931년), 중일전쟁(1937년)으로 만주와 중국대륙을 차례로 점령해나갔다. 일본인들에겐 가미가제 신화가 700년간 계속 이어져 내려왔다고 할 수 있다.

일본은 태평양전쟁에서 패색이 짙어가던 1944년말, 육·해군의 조종사가 전투기, 연습기를 몰고 가 미군함정 등에 자폭공격을 가하는 특공대란 부대를 만들었

연습비행에 오르기 전의 가미가제 특공대원들

다. 정상적 작전으로는 승산이 전혀 없는 상황에서의 일본군 최후의 발악이었다. 이 특공대는 '가미가제 특별공격대'로 명명됐다.

1945년 8월 패전까지 필리핀 전투, 오키나와 전투 등에서 약 5천 8백 명의 젊은이가 자폭공격에 동원돼 이렇다 할 전과도 없이 바다 위로 떨어져 죽어갔다. 특공대원은 신문 등에 의해 '구국의 군신(軍神)', '가미와시'(神鷲, '천황의 독수리'란 조어로 '천황의 용맹스런 비행사'의 의미)로 칭송됐다.

특공대가 미군과의 오키나와 전투 당시 출격하는 기지였던 가고시마(鹿兒島)현 지란(知覽)에는 전후에 특공대원 추모회관이 건립됐고, 야스쿠니 신사엔 이들의 공적을 기리는 특공대 용사 동상도 세워졌다.

이 가미가제 특공대 희생자엔 20여 명의 조선인들도 포함돼 있다. 이들이 전사했을 때 신문들은 연일 '조선의 가미와시'로 칭송했고 총독부 기관지 〈매일신보〉(每日申報)엔 조선인 특공대원 희생자에 대한 서정주(徐廷柱)의 추도시도 게재(1944년 12월 9일자)돼 있다. 필리핀 전투에 참전한 조선인 특공대원이 미군 포로가 돼 하와이 미군병원에서 치료를 받은 뒤 해방후 귀국한 경우도 있었고, 당시 특공대원으로 선발된 뒤 출격하기 전 해방을 맞아 귀국 후, 2010년말 현재 한국 내에 생존해 있는 사람도 있다.

그런데 당시 조선인 중 특공대원은 '침략전쟁에 적극적으로 가담한 자'(친일진상규명법)로서 일본을 위해 자진해서 목숨까지 바친 것은 일본군에 끌려가거나 자원입대해 전사한 경우와 다르다고 해서, 한국 내에선 문제가 되고 있다. 그래서 그 후손들은 아버지나 할아버지가 특공대임을 애써 밝히기를 꺼려하고 있다. 일제강점이 빚은 또 다른 비극이다.

2008년 5월엔 경남 사천(泗川) 교외의 공원에 이곳 출신으로 숨진 특공대원의 '귀향기념비'(祈念碑)를 일본인들이 세우려 했으나, 제막식 당일 광복회 등의 단체가 반대해 비를 세우지 못한 일도 있었다. 이 비는 나중에 이름을 바꿔 경기도의 한 사찰에 세워졌다고 한다.

14 일본 '삼면초가'(三面楚歌)… 한-중-러 3국과의 영토분쟁

Keyword: '떠오르는 용, 지는 해'

일본의 영토분쟁은 침략전쟁과 관련

일본은 버블경제가 붕괴된 1990년대 이후 자위대의 예산증강과 국제평화유지 활동을 이유로 한 자위대 해외파견, 총리의 야스쿠니 참배 강행, 침략전쟁을 미화, 정당화하는 우익의 목소리가 커지는 등 우경화 현상이 두드러지고 있다. 이에 대해 한국과 중국 등에선 일본이 전쟁책임을 망각하고 군사대국화를 획책하고 있다는 비난이 거세게 일었다.

2000년대 중반 이후엔 우경화 현상과 함께 '다케시마(竹島)의 날' 제정, 센카쿠(尖閣)열도 문제, 북방영토 문제를 둘러싸고 일본과 한국, 중국, 러시아와의 영토분쟁이 심화되고 있다.

다케시마가 편입돼 있다고 주장하는 시마네(島根) 현 의회는 2005년 1월, 느닷없이 '다케시마(竹島)의 날' 조례를 제정했다. 이때까지 매년 일본국회에서 정부 측이 의원들의 질문에 다케시마는 일본의 고유영토라고 답변하고, 이에 한국 측이 법률적으로나 실질적으로나 독도는 한국영토라고 항의하면서 의례적 답변으로 간주해 대응을 자제할 경우 큰 문제로 비화하지는 않았다.

그러나 다케시마의 날 선포 이후 한국에서 규탄데모 등 맹렬한 반발이 일어나고, 시마네현과 자매관계를 맺고 있던 경상북도는 교류 파기를 통고하는 한편 직원과 교원의 상호파견을 단절했다. 다케시마의 날 제정 문제로 각종 민간교류도 취소되는 등 양국관계는 일시에 험악해졌다.

이에 일본 매스컴은 독도의 시마네현 편입(1905년) 과정을 비롯한 한국과의 마찰 등을 집중보도, 다케시마가 일본 땅이라는 주장이 일본전국에 널리 알려지게 됐다. 이전까지는 다케시마가 시마네현 소속이란 사실과 독도를 둘러싼 한일 간의 마찰은 일부 관심 있는 사람들만 알고 있었지, 일반인들은 잘 모르고 있었다. 일본 우익의 작전이 성공한 셈이라고 할 수 있다.

이후 시마네현은 경상북도에 영토문제와는 별개로 교류를 계속하자고 제의하고 있지만 경상북도는 조례를 철회하지 않는 한 교류는 있을 수 없다는 입장이다. 경상북도는 2005년 6월 다케시마의 날에 대응키 위해 '독도의 달' 조례를 제정하고, 독도 수비과도 신설했다.

독도를 실효지배하고 있는 한국으로선 일본 국회의 다케시마는 일본 고유영토란 의례적인 주장 등엔 과민반응을 보이지 않는 것이 전략상 유리하다는 판단 아래 '조용한 외교'로 대응하고 있다. 그러나 해병대 독도 파견 주장 등 이에 대한 불만도 없지 않다.

일본, 청일전쟁 중 센카쿠 열도를 편입

일본과 한국, 중국, 러시아 등 주변 3국과의 영토분쟁은 메이지 유신 이후 일본이 일으킨 일련의 침략전쟁과 밀접한 관련성이 있다.

1945년 8월 일본패전 후, 일본이 포기하는 영토는 샌프란시스코 강화조약(1951년)에 명기, 역사적으로 지배하고 있던 지역만이 일본의 영토가 됐다.

이 가운데 타국에 '불법적'으로 점거되어 있다고 주장하는 것이 일본이 다케시마(竹島)라고 부르는 독도와, 북방영토(北方領土)라고 부르는 쿠릴 열도 남방 4개 섬이다. 반대로 일본이 자국영토라고 주장하는 동중국해의 무인도 센카쿠 열도〔중국명, 댜오위다오(釣魚島)〕는 중국 측이 '일본의 불법점거'라고 주장하고 있다.

일본은 중국과 영토분쟁을 일으키고 있는 센카쿠 열도는 샌프란시스코 조약에도 명백히 일본영토로 돼 있으므로, 따라서 이 지역엔 '영토문제는 존재하지 않는다'는 입장이다.

그런데 일본이 센카쿠 열도를 자국영토로 오키나와현에 편입시킨 것은 청일전쟁에서 일본이 일방적으로 승리, 시모노세키(下關)에서 양국 간에 강화회담이 진행중이던 1895년 1월이었다.

당시 노쇠한 대국 청은 메이지 유신으로 부국강병에 성공한 신흥국 일본에 예상을 뒤엎고 전쟁 초부터 연전연패해 랴오둥(遼東) 반도 등을 일본에 할양하는 내용의 굴욕적 조약을 맺기 직전으로, 청나라가 사람도 살지 않는 작은 섬 몇 개에 불과한 센카쿠 제도를 자국영토라고 주장할 여유가 없었던 시점이다.

결국, 청일전쟁에서 승리한 일본은 시모노세키 조약(1895년 4월)에

중국과 일본이 영토분쟁을 벌이고 있는 센카쿠 열도(중국명, 댜오위다오)

따라 청으로부터 막대한 전쟁배상금(2억 량)과 랴오둥 반도, 타이완(臺灣), 펑후(澎湖) 열도 등을 할양받기로 했다. 이에 따라 타이완은 일본식민지가 됐다.

조약체결 직후 러시아, 독일, 프랑스의 삼국간섭에 일본이 굴복해 랴오둥 반도를 청에 환부키로 결정(1895년 5월) 했지만, 청이 랴오둥 반도와 타이완 등을 일본에 떼어줄 상황이었던 것을 감안하면 당시 청나라에 무인도에 불과한 센카쿠 열도가 그렇게 중요한 지역이라고는 할 수 없을 것이다.

메이지 정부는 이보다 10년 전인 1885년 9월 센카쿠 열도를 현지 조사해 본 결과 무인도에다, 중국이 지배하지 않고 있음을 확인하고 일본 영토에 편입시켰다. 이른바 '무주물(無主物) 선점'의 이론이다. 이를 일본 정부는 '국제적인 룰로 보더라도 정당한 절차였다'고 주장한다.

그러나 중국은 명대에 류큐(琉球)라 불리던 오키나와에 파견됐던 중국 사람들의 기록 등을 근거로 센카쿠 열도는 중국영토이며, 청일전쟁 후 일본이 불법점거하고 있다고 주장한다. 중국엔 타이완이 중국영토인 만큼 바로 옆의 센카쿠 열도도 마찬가지로 중국영토라는 주장도 있다.

센카쿠 분쟁, 석유자원 부존 가능성 때문

센카쿠 열도 문제가 처음 불거진 것은 1970년, 타이완과 중국이 차례로 센카쿠를 각각 자국영토라고 주장하고 나섰기 때문이다. 실은 1968년 유엔 산하기관 전문가들의 조사로 센카쿠 열도 근해에 석유자원이 매장돼 있을 가능성이 높은 것으로 알려졌다. 일본 측은 중국과 타이완이 뒤늦게 센카쿠 열도 영유를 주장하고 나선 것은 해저의 석유자원 부존 가능성 때문이라고 주장한다.

일본 정부는 중국의 주장은 국제적 룰에 따르더라도 인정할 수 없다고 반박하면서, 센카쿠 열도는 타이완과는 전혀 별개의 문제라고 강조한다.

일본은 샌프란시스코 조약에 미국이 오키나와와 함께 센카쿠 열도를 미군정 지배하에 둘 때 중국이 반대하지 않았던 점을 들어, 이 점도 중국이 자국영토라고 생각지 않았던 증거라고 주장한다.

미군정하에 있던 오키나와는 1972년 일본에 반환됐고 이때 센카쿠 열도도 같이 반환됐다는 것이, 일본정부의 입장이다. 샌프란시스코 조약 등을 근거로 미국은 중일 간 센카쿠 분쟁에서 일본 측 입장을 지지한다. 중국은 중일 국교정상화(1972년) 이후, 중국 어선들이 센카쿠 열도 주변에 몰려가 자국영토라며 시위를 벌이기도 했으나 그 강도는 그렇게 강하지 않았다. 세계 2위의 경제대국 일본에 비해 당시 중국은 국력이 현저히 약했기 때문이다.

1978년 10월, 중일 평화우호조약 비준서 교환을 위해 방일한 당시 부수상 덩샤오핑(鄧小平)은 센카쿠 열도 영유권문제에 대해 "다음 세대는 우리보다 현명할 것"이라며 애써 언급을 피했다. 경제개발을 서둘러야 하는 중국으로선 우선 일본의 자본과 기술이 필요했기 때문에, 영토 문제로 일본과 분란을 일으키기보다는 실리를 택한 것이다.

덩샤오핑은 신칸센을 타 보고 "빠르다, 빠르다"를 연발하면서 그 속도에 놀라 "이것이야말로 우리가 찾고 있던 것"이라고 부러워했다. 그는 일본의 최신공장을 견학하면서 "지금 근대란 것을 보고 있는 것"이라고 감탄했고, 일본 총리에겐 "중국과 같은 가난한 나라를 친구로 두어 미안하지만, 잘 부탁한다"고, 중국에의 지원과 협조를 부탁했다.

어쨌든 중국은 센카쿠 열도를 1992년 영해법에서 자국령으로 표기하고, 2009년엔 해도(海島) 보호법에서 국유화를 명기하는 등 자국영토화를 일방적으로 추진했다. 이후 센카쿠 주변해역에서 다수의 중국 어선이 조업하는 일이 잦아져, 일본은 영해침범이라고 적발하는 등 분쟁이 빈발했다. 2008년엔 센카쿠 근해에서 타이완 어선이 일본 해상보안청 순시선에 충돌, 침몰하자 일본이 사과 배상한 사건도 있었다.

일본정부, 중국어선 고의충돌 영상을 비공개로

이 같은 와중에 2010년 9월엔 중국 어선이 센카쿠 열도 주변에서 일본 해상보안청 순시선에 고의로 충돌하는 사건이 일어나 중국 주요 도시에선 연일 선장석방을 요구하는 반일데모가 일어나는 등 긴장관계가 조성됐다.

선장의 무조건 석방에 일본이 응하지 않자 중국은 자국의 주장을 관철시키기 위해 일본에의 희토류(希土類) 수출제한과 일본 관광여행의 자숙(사실상 금지), 중국진출 일본기업 후지타사 직원의 군사기밀위반 혐의 구속 등 이전에 볼 수 없었던 강압적인 제제수단을 동원해 일본을 압박했다.

액정패널 등에 사용하는 희토류 90%를 중국에서 수입하는 일본으로선 희토류 수입이 금지되면 전자제품 생산을 중단해야 하는 중대사태가 발생한다. 일본은 어쩔 수 없이 정치적 중립을 지켜야 하는 검찰이 오히려 '중국과의 관계를 고려해서'라는 정치적 이유까지 공표〔오키나와현 나하(那覇) 지검〕하며 선장을 석방(9월 24일) 했다.

일본 정부는 중국 어선이 고의적으로 일본 순시선에 충돌한 증빙자료를 비디오영상으로 확보하고 있었음에도 불구하고, 이를 공개치 않고 중국요구를 받아들인 것이다.

10월말로 예정돼 있던 양국 정상회담도 중국이 외교적 관례를 무시한 채 회담 직전 일방적으로 취소해 버렸다. 일본외교의 참담한 패배였다. 이 같은 간 나오토 정권의 대응을 일본 야당과 보수, 우익성향의 매스컴은 '굴욕', '매국외교'라고 맹비난했다.

이 같은 중국의 태도변화엔 경제대국화에다 장기간에 걸친 군사비

대폭증액 등에 따른 군사대국화, 베이징(北京) 올림픽과 상하이(上海) 만국박람회의 성공적 개최 등에 따른 중국의 대국의식이 깔려 있다.

미국에 필적하는 명실상부한 세계의 초강대국으로 부상한 중국은 막강한 경제력을 외교에 이용하고, 쇠약해진 일본은 곧바로 중국의 힘 앞에 굴복하는 상황이 전개된 것이다.

이는 향후 중일관계의 주도권을 중국이 쥐게 됨을 의미할 뿐 아니라 그동안 일본이 경제력을 바탕으로 큰 영향력을 행사했던 동아시아 국제질서의 헤게모니를 중국이 장악할 가능성이 크다는 것을 예고한다.

동일본 대지진 발생 후 중국에서도 일본을 지원하는 움직임이 활발히 전개돼 험악했던 중일관계는 상당히 호전됐다. 그러나 언제 다시 양국 간에 현안이 발생, 긴장관계로 상호간 국민감정이 나빠질지 알 수 없는 상황이다.

중국의 횡포 앞에 일본도, 한국도 작아져

중국 어선이 센카쿠뿐만 아니라 서해상의 한국 전관해역에 들어와 멋대로 조업하며 횡포를 부렸으나(2010년 12월), 일본에 이어 한국정부도 불법행위를 한 중국 어부들을 불문에 부친 채 귀국시킨 것은, 중국의 비위를 거스르지 않으려는 고육지책(苦肉之策)이었다. '거대한 용'으로 부상한 중국의 횡포 앞에 일본도, 한국도 작아지고 있다.

이와 관련해 일본은 미국과의 동맹을 강화하는 한편 한국과의 연대를 통해, 중국의 동아시아 패권 장악에 대처한다는 전략이다.

동아시아 국제정세는 천안함 사건, 연평도 포격에서 나타났듯이 미국과 일본은 한국의 입장을 지지하고, 중국과 러시아가 북한을 지원하는 냉전시대의 동서 대결구도가 재현되고 있다.

전술했듯이 중일 간의 경제력 역전, 센카쿠 분쟁은 그동안 일본이 경제력을 바탕으로 우위에 있었던 중일관계가 역전돼 동아시아에 지각변동이 시작됐다는 의미를 가진다.

이와 관련, 한국철학을 전공하는 오구라 기조 교수(小倉紀藏, 교토대학)는 2010년 중국이 국내총생산(GDP)에서 일본을 제치고 세계 2위, 아시아에서 1위가 된 것은, 그동안 비정상적이었던 동아시아가 정상을 되찾은 의미가 된다는, 일본학자로선 보기 드문 논리를 전개한다.

그는 그 이유를 "긴 역사의 흐름에서 생각하면 중국이 최대의 파워로서 동아시아지역의 중심세력이 되는 것은 동아시아의 '정상'"이라고 강조한다. 그는 일본이 아시아에서 넘버원의 지위를 누린 시대는 근대라는 시대였으나 그것은 동아시아의 이상상태였다, 즉 일본이 한국을 병합한 1백 년 전부터 현재까지의 기간은 이상한 시대였는데 중국이 일본을 제쳐 이상상태를 청산한 것이, 동아시아를 정상으로 돌리는 일이 된다는 논리를 전개한다.

그러나 이 같은 주장은 일본에선 소수의견에 불과하다. 일본에선 여전히 중국보다 일본이 기술력도 경제력도 우위다, 국민 1인당 GDP에선 아직 중국은 일본의 10분의 1 이하라든지 중국의 고도성장은 길게 가지 못하고, 곧 소자 고령화시대를 맞아 성장은 둔화할 것이라는 등의 주장이 인기가 있다고 그는 지적한다.

중국의 향후 역할과 관련, 1971년 미중 비밀교섭을 주도했던 저명한 중국 전문가인 헨리 키신저 전 미국무장관은 저서 *On China*(중국에 대하여, 2011년 출간)에서 "중국은 한 가구 한 자녀 정책의 영향으로 2050년엔 인구의 4분의 1이 65세 이상이 된다. 이 같은 문제를 안고 있는 나라는 세계를 제패할 수 없다"며 고령화를 이유로 중국의 세계제패에 회의적인 견해를 피력했다. 그는 "아시아의 장래는 미국과 중국이 어떻게 조화하느냐에 달려 있다. 미국과 다른 아시아제국은 중국과 함께 발전하는 태평양공동체를 만들어야 한다"는 의견을 제시했다.

러시아, 북방영토 반환의사 없음을 명확히

2010년, 일본은 중국과의 센카쿠 영토분쟁뿐만 아니라 러시아와의 영토분쟁에서도 중요한 전기를 맞았다.

일본과 러시아 간에 분쟁을 일으키고 있는 북방영토는 홋카이도 북서쪽의 에토로후(擇捉), 구나시리(國後), 시코탄(色丹), 하보마이(歯舞) 군도 등 4개 섬이다.

1850년대 초반까지 일본인들도, 러시아인들도 살지 않았던 이 섬들은 일본과 러시아 간의 국경을 획정한 러일 통호조약(또는 화친조약, 1855년)에 의해 일본영토로 됐다. 그러나 이때 일본이 국제적 승인을 얻는 조치를 취해 놓은 것은 아니었다.

이후 일본은 이곳을 자국영토로 삼아 주민들을 이주시켜 1945년엔 약 1만 7천 명의 일본인들이 거주하고 있었다. 1945년 8월 8일, 소련의 대일 선전포고와 함께 소련군이 진입해 거주 일본인들을 전원 퇴거시켰고, 이후 샌프란시스코 조약에 의해 러시아가 실효지배중이다.

이에 일본은 북방영토가 역사적으로 자국영토였다며 반환을 요구했고, 소련은 1956년 소일 공동선언을 발표하면서 시코탄과 하보마이 등 2개 섬 반환을 일본에 타진했으나 일본 측이 4개 섬 전부 반환을 요구, 교섭은 결렬됐다. 1960년, 소련은 미일 안보조약개정 등의 정세변화를 이유로 2개 섬 반환용의도 백지화했다. 러시아는 1997년엔 이 문제를 '2000년까지 해결을 위해 노력한다'고 했으나, 이후 해결되지 않은 상태로 있다.

러시아 정부는 2010년 7월, 일본이 연합국에 항복한 1945년 8월 15일이 아닌, 제 2차 세계대전 항복문서에 서명했던 9월 2일을 '제 2차

2010년 11월 메드베데프 대통령이 러시아 국가원수로는 처음으로 쿠릴 열도(일본명 북방영토) 남단에 있는 쿠니시르섬을 방문했다.

세계대전 종전기념일'로 선포한 뒤 대대적인 기념행사를 가졌다. 드미트리 메드베데프 러시아 대통령이 9월말 중국을 방문, 후진타오(胡錦濤) 주석과의 정상회담 후 발표된 공동성명에는 '제 2차 대전 역사에 대한 왜곡은 허용할 수 없다'는 내용이 포함돼 있다.

쿠릴 열도 4개 섬을 러시아 영토로 인정한 샌프란시스코 강화조약 내용의 변경을 인정하지 않겠다는 의미다. 그는 중국 방문 후 쿠니시르(일본명 구니시리)를 방문할 계획이었으나 악천후로 일단 포기했다.

11월 1일 메드베레프 대통령은 러시아(구소련 포함) 국가원수로는 사상 처음 쿠니시르섬을 전격방문, 영토문제에 아무런 언급을 하지 않았지만 러시아가 이들 섬을 반환할 의사가 없음을 행동으로 보여줬다.

이어 12월 중순엔 러시아 부총리가 쿠니시르 등 2개 섬을 방문해 "이곳은 러시아 땅"이라고 말했고, 하순엔 메드베데프 대통령이 국내 매스컴과의 인터뷰에서 "4개 섬 전부 러시아 영토"라고 러시아 국가원수로는 처음 단언하면서 일본에 이들 섬에 자유경제권을 건설하자고 제안하였다.

러시아가 소련붕괴 후 급격히 약화됐던 경제력을 자원개발 등으로 상당히 회복하고 있어, 일본에 더 이상 경제지원을 받지 않아도 될 정도가 된 점이 영토문제에서 강경자세를 취하는 배경의 하나로 분석된다.

독도도 러일전쟁이 한창일 때 시마네현에 편입

일본이 1905년 1월 28일의 각의결정에 따라 독도를 시마네현으로 편입시킨 것은 추밀원 의장 이토 히로부미(伊藤博文)를 서울로 보내 고종과 대신들을 협박해 대한제국의 외교권을 박탈하는 을사늑약(1905년 11월)을 맺기 9개월 전이다. 이때는 러일전쟁(1904년 2월~1905년 9월)이 한창일 때로 일본이 러시아함대와 울릉도 근해에서의 격전을 준비하던 시점이다.

일본 측은 이 결정에서 독도를 일본영토에 편입시킨 이유를 '타국이 점령했다고 인정할 만한 흔적이 없다'는 점을 들고 있다. 센카쿠 열도 편입 때와 마찬가지로 무주물(無主物) 선점(先占) 논리다.

그러나 일본은 각의결정 다음 달인 1905년 2월 22일, '시마네현 고시 제40호'로 '… 도서를 다케시마로 칭해 지금으로부터 본현 소속 오키(隱岐)섬의 소관으로 한다'고 했을 뿐 한국을 비롯한 외국에 편입사실을 전혀 알리지 않았다. 역시 센카쿠 편입 때와 마찬가지로 자국영토임을 인정받을 수 있는 국제법적 절차를 밟지 않았던 것이다.

이에 따라 당시 대한제국 정부는 독도를 일본이 시마네현에 편입시킨 이후 1년 이상 이 사실을 전혀 알지 못했다. 한국이 일본의 보호국으로 전락한 다음 해인 1906년 3월, 시마네현 지사의 명령을 받은 현간부가 44명의 관민시찰단을 이끌고 독도에 들러 살펴본 뒤 악천후로 가까운 울릉도 도동항으로 피난, 울릉군수를 만났다. 이들로부터 독도가 시마네현에 편입됐다는 사실을 전해들은 울릉군수 심흥택(沈興澤)이 '본군(本郡) 소속의 독도가 일본의 영지가 됐다고 한다'고 당시 울릉군을 관할하는 강원도에 긴급보고했고, 강원도의 보고를 받은 대한제국

정부최고기관인 의정부가 처음 편입사실을 알게 됐다. 한국 정부는 '사실무근'이므로 재조사하라는 '지령 3호'(1906년)를 지시했지만 그 이후 어떻게 됐는지의 기록은 없다.

이 기록은 당시 울릉군수가 '본군소속의 독도'로 인식하고 있었고, 중앙정부도 자국영토로 인식하고 있었음을 말해 준다.

그러나 울릉군수의 보고를 받고도 당시 한국 정부는 영토에 관한 국제법 지식에 무지했고, 그와 관련한 외교적 경험도 없었기 때문에 일본 측에 아무런 항의를 하지 않은 것으로 보인다.

이때 한국 정부가 항의했다는 기록이 없는 사실을 두고, 현재 일본학자 등은 당시 한국 정부가 소극적이나마 독도를 일본영토로 인정했다는, 어불성설의 주장의 근거로 삼는다.

일본, 독도문제 국제사법재판소에 제소 추진

독도가 본래 일본 영토였다면 왜 하필이면, 일본은 한국의 외교권을 빼앗은 1905년 2월에 편입시켰는가?

1905년초는 대륙침략의 발판을 만들려는 일본과 남하정책을 추진중이던 러시아가 한국을 누가 장악하느냐를 놓고 벌인, 러일전쟁이 한창이던 시점이다. 평양 전투(3월)에서 승리한 일본 육군은 압록강 전투(5월1일)에 이어 다이렌(大連) 등 남만주지역에서 러시아와 격전을 거듭하며 전황을 유리하게 전개하고 있었고, 해군은 도고 헤이하치로(東鄕平八郎)가 이끄는 연합함대가 울릉도 남쪽 근해에서 쓰시마에 이르는 대한해협 해전(5월)에서 러시아 발틱함대를 괴멸시키는 대승을 거두기 바로 직전이다.

일본이 러시아와의 전쟁에 대비해 군사목적상 독도를 일본 영토로 해두는 것이 유리하다고 판단했던 것은 두말할 필요가 없다.

만약 한국이 일본에 외교권을 뺏기고, 그 5년 후에 일본의 식민지로 전락하는 허약한 나라가 아니었다면, 일본이 독도를 일방적으로 자국 영토로 편입시키는 일은 일어나지 않았을지 모른다.

해방후 한국은 독도가 한국의 고유영토임을 주장하며 1948년 8월 정부수립에 따라 독도를 '경상북도 울릉군 울릉읍 독도리 1의 96번지'의 지번을 부여해 영토에 편입시켰다. 1952년 1월 이승만(李承晩) 대통령의 '인접해양에 관한 주권선언'(일명 '평화선', 또는 '이승만 라인') 이후부터는 독도 의용수비대(1953년)를 주재시켰다.

이에 일본은 독도영유권 문제를 국제사법재판소에 제소할 것을 제안(1954년)한 이래 여러 차례 국제사법재판소로 가져가려 했다. 그러나

독도암벽에 새겨진
'韓國領'이란 문자

독도를 실효지배하고 있는 한국은 국제재판소에서 논의되는 것 자체가 한국에 불리하다는 판단 아래 응하지 않고 있다.

이후 한국은 경찰관을 상주(1956년)시켰고, 70년대부터는 주민이 거주하면서 독도주소를 주민등록에도 올리는 등 독도 실효지배를 강화하고 있다. 한국에서 본적지를 독도로 옮긴 사람이 2,247명(2011년 3월 현재) 이르고 있는 가운데 일본에서도 '시마네현 다케시마'로 본적을 옮긴 사람이 69명(2011년 1월 현재)에 이른다는 일본 언론의 보도다.

동일본 대지진 직후 한국에서 일본을 돕자는 운동이 크게 일어나고 있던 2011년 3월말 일본 정부는 '다케시마는 일본 땅'이란 내용이 들어

간 중학교 사회교과서에 대한 검정을 인정해, 이 문제에 관해 양보할 의사가 없음을 분명히 했다. 두 달 뒤(5월), 한국 국회의원 3명이 쿠나시르섬을 방문하자 8월에는 일본 자민당 의원 3명이 울릉도 방문을 시도, 한국정부가 이들의 입국을 불허하는 '소란'도 빚어졌다.

어쨌든 일본은 자국이 실효지배하고 있는 센카쿠 열도는 명백한 일본영토라고 주장하면서도 한국과 러시아가 실효지배하고 있는 독도와 쿠릴 열도는 한·러의 영토로 인정치 않는 모순된 태도를 취하고 있다.

Key word

'떠오르는 용, 지는 해'

1972년 중일수교 이후 양국관계는 대체적으로 1990년대 말까지는 일본이 중국에 원조를 제공하는 등 경제력을 바탕으로 일방적으로 주도권을 쥐었다고 할 수 있다.

중국은 덩샤오핑의 개혁 개방노선에 따라 1980년대 이후 일본으로부터의 차관과 기술제공 등을 바탕으로 경제성장정책을 추진, 고도성장을 계속했다. 연 10% 전후의 성장률을 기록하는 등 중국의 경제성장이 눈에 띄게 나타나기 시작한 2000년대에 들어와 양국관계는 삐꺽거리기 시작한다.

고이즈미 총리 취임 후 2001년 8월부터 5년간 매년 계속된 야스쿠니신사 참배에 한국과 중국이 강력히 반발하고, 특히 중국에서 격렬한 반일데모가 일어나는 등 중일관계는 더욱 악화되었다. 이 기간 동안 중일 양국 간 교역량은 매년 사상최고를 경신하는 등 경제교류는 활발히 이뤄졌지만, 정치는 차가운 관계라는 뜻의 '정랭경열'(政冷經熱)상태가 계속되었다.

고이즈미 정권 퇴진 후 아베 신조(安倍晋三) 정권 때 베이징에서 열린 양국 정상회담(2006년 10월)에서 일본이 '전략적 호혜관계'를 추구하자고 제의했고, 양국은 공동성명에 이를 반영했다. 전략적 호혜관계는 양국 모두가 이익을 얻을 수 있는, 즉 '정랭경열' 관계를 '윈-윈'(호혜)관계로 바꾸자는 취지다.

민주당 집권(2009년 9월) 이후 하토야마, 간 정권도 이 원칙을 계승한다는 방침을 천명하고 있다. 그러나 그 호혜관계가 구호에 불과함이 센카쿠 열도 분쟁(2010년 9월)에서 확인된 셈이다.

드디어 중국은 2010년도 명목 국내총생산(GDP)에서 일본(5조 4,742억 달러)을 사상 처음 제치고 세계 2위(5조 8,812억 달러)의 경제대국이 됐다(〈표 5〉 참조). 그러나 1인당 GDP는 일본 4만 2,378달러에 비해, 중국은 4,406달

표 5 | 중국과 일본의 경제비교

구분	중국	일본
1인당 GDP	4,406달러	4만 2,378달러(추계)
1인당 자동차 보유대수	0.06대	0.59대
휴대전화 보급률	64%	95%
명목 GDP	5조 8,812억 달러	5조 4,742억 달러
외화 준비고	2조 8,473억 달러	1조 962억 달러
인구(2009년)	13억 3,473억 달러	1억 2,748만 명
고령화율(2009년)	8.5%	22.8%
수출액(2009년)	1조 2,016달러	5,792억 달러
수입액(2009년)	1조 59억 달러	5,507억 달러
신차 판매대수	1,806만 대	496만 대

주: 연도표시가 없는 항목은 2010년도 수치(〈아사히신문〉 2011년 1월 21일자 전재).

러로 약 10분의 1에 불과하다.

1968년 당시 서독을 제치고 세계 2위에 오른 일본이 42년 만에 3위로 전락하자 일본 매스컴은 물론 전 세계 언론들이 '떠오르는 용(중국), 지는 해(일본)', 'Japan as Number 3'식으로 보도하고 있다. 앞서 언급했듯이 고도성장을 계속하던 1970년대 말 '1등 국가 일본'(Japan as Number 1)으로 극찬되던 일본이 세계 3위로 전락한 것은 버블붕괴 후 침체, 쇠약화하는 최근의 일본을 상징하는 의미를 지닌다고 할 수 있다.

일본 내에선 3위 전락을 담담히 받아들이는 분위기이나, '솔직히 쇼크'라고 말하는 일본인들도 있다.

일본이 중국에 역전당한 것은 물론 1979년 계획경제에서 시장경제로 전환한 이래 2010년까지 연평균 경제성장률 9.9%의 고도성장을 계속한 중국의 비약적인 경제성장이 주원인이다. 그러나 1990년대 초반 이래 일본의 디플레에 따른 장기침체도 큰 이유 중의 하나다. 일본의 2010년도 명목 GDP는 10년 전보다도 약 5% 정도 감소한 수치다.

세계 2위로 부상한 중국은 2050년에는 미국을 제치고 1위가 되고, 일본은 인도, 브라질, 러시아, 영국에 이어 7위로 전락할 것으로 예측(미국증권회사 골드만삭스)되고 있다.

15 히노마루 게양과 기미가요 제창의 강제

기미가요 제창시 불기립으로 처분받은 교사 천백여 명

일본 국기의 법률적 명칭은 일장기(日章旗)이지만, 일반적으로는 '히노마루'(日の丸)라고 불린다. 일본 국가는 '기미가요'(君が代)라고 한다.

그런데 최근 일본 사회에선 공립학교 졸업식과 입학식에서 히노마루 게양과 기미가요 제창, 기립을 반대하는 교직원에 대한 처분을 강화하고, 기미가요 제창, 기립을 의무화하는 지방자치체도 처음 나타나는 등 우경화 현상이 가속화되고 있다.

문부과학성의 집계에 따르면 2000년도부터 2009년도까지 졸업식 등에서 기미가요 제창시 불기립, 피아노반주 거부 등으로 징계처분을 받은 전국의 교직원 수는 1,143명에 달한다. 매년 100여 명이 처분을 받은 셈이다. 대부분 교사다. 이 가운데 도쿄도(東京都)가 433명으로 약 4할을 차지한다. 그동안 전국각지에서 375명이 각각 징계처분취소 등을 요구하는 소송을 제기, 재판이 진행중이다.

최고재판소(한국의 대법원에 해당)는 2011년 5월 30일, 도쿄도립고교에 재직중 계고처분(2004년)을 받은 전직 남성교사(당시 57세)가 제기한 소송에 대해 기미가요 제창시 교사에게 기립하도록 한 교장의 직무명령은 '사상, 양심의 자유를 보장한 헌법 19조를 위반한 것이 아니다'라는, 합헌판결을 처음 내렸다. 이후 다른 소송에서도 최고재판소의 합헌판결이 이어지고 있다.

이 남성교사는 2007년 3월 정년퇴직하기 전 '촉탁원'으로 재고용을 신청했으나 불기립으로 처분받은 것이 이유로 인정되지 않자 소송을 제기했다. 그는 '침략전쟁의 역사를 배우는 재일조선인이나 재일중국인 생도에게 히노마루, 기미가요를 강제하는 것은 양심이 허용하지 않는다'는 것 등을 소송제기의 이유로 들었다.

최고재판소는 판결에서 학교식전에서의 기립제창을 '관례상의 의례적 행위'라고 규정, 기립을 명령하더라도 원고인 남성교사의 역사관 자체를 부인하는 것은 아니라고 주장했다. 다만 '기립, 제창은 국가, 국기에의 경의의 표명'으로 원고의 '사상, 양심의 자유를 간접적으로 제약하는 면은 있다'고 했다.

이 교사는 합헌판결 후 가진 기자회견에서 "히노마루를 사랑하는 것이 나라를 사랑하는 것이라는 단락(短絡)적인 사고는 일본문화를 망치는 것이다. 나는 (기립제창을 주장해온) 이시하라 신타로(石原愼太郎) 도쿄 도지사보다도 더 이 나라를 사랑하고 있다"고 말했다.

그런데 2010년과 11년 졸업식에서 불기립 등으로 처분을 받은 교직원은 수십 건으로 격감했다. 그 이유는 졸업식 등에 참석하지 않기 위해 휴가를 내는 교직원이 늘어나고, 거기에 처벌이 두려워 어쩔 수 없이 기립, 제창하는 경우도 증가하고 있기 때문이다. 처벌이란 채찍에,

휴가라는 소극적인 저항으로 방향을 전향하거나 아예 '굴복'하는 케이스가 늘어나고 있는 것이다. 교직원들의 징계 건수가 격감하는 것은 각 교육위의 국가제창의무를 지시한 방침이 효력을 발휘하며 정착되고 있다는 것을 의미한다. 이와 관련한 교사들의 움직임을 몇 가지 구체적으로 살펴보자.

기미가요 제창 반대교사, 졸업식날 휴가 내고 불참

졸업식 전날 휴가를 내고 식에 결석한 40대의 한 도립고교 남성교사는 "신념을 굽힐 것인가. 처분을 받을 것인가. 어느 쪽도 견디기 힘들었다"고 말한다. 그는 2004년 기립을 거부해 경고처분을 받았다. 처분을 받은 후 이 교사는 졸업식에서 내빈안내 등 식장 밖 업무담당이 돼 이후엔 처분을 받지 않았다, 그러나 2010년도엔 식장 안에 들어갈 것을 지시받았다. 다시 불기립을 하면 처분은 감급, 정직, 면직 등으로 더 무겁게 되고, 장래의 인사이동 등에서 마이너스가 된다. 그래서 식장 밖 담당을 상사에 요청했으나 받아들여지지 않자 휴가를 냈다.

과거 두 차례 처분을 받았던 도립고교 60세의 남성교사는 기립, 제창의 의무화는 '사상, 신념의 자유를 보장한다'고 명시한 헌법을 위반한 것으로 생각했다. 2011년이 정년이었던 그는 2010년 졸업식에서도 처분을 각오하고 일어나지 않을 생각이었다. 그러나 뜻밖에도 식장 밖 안내담당을 지시받았다. 그는 사전에 식장 밖 업무를 원한다고 말하지 않았다. 그러나 교장이 자신이 근무하는 학교에서 처분자를 내고 싶지 않아 그를 안내로 돌린 것이었다.

역시 도립고교에 근무중인 40대 남성교사는 2010년 졸업식에서 처음 기립했다. 그는 과거의 처분이 무거워 다음은 정직이 예상됐다. 자신의 신념을 관철하기 위해 식장 밖 담당을 희망할 경우 동료들에게 부담이 되므로 폐를 끼치지 않기 위해서였다. 그는 기립은 했지만 노래를 부르지 않았다. 상사들이 눈치채지 않게 하기 위해 입을 반쯤 벌린 채 국가제창이 끝나길 기다렸다. 식은땀이 났다고 한다.

일장기, 기미가요는 침략의 상징

골프의 최경주 선수가 국가대항전도 아닌 시합에서 태극마크를 넣은 모자를 쓰고 플레이하는 모습을 TV중계에서 본 일이 있다. 그런데 왜 일본에선, 보통의 나라에선 상상도 할 수 없는 이 같은 '해괴한 일'이 발생하고 있는가?

그것은 일장기와 기미가요가 구일본제국의 식민지 통치와 만주사변(1931년) 이래 일본군의 중국대륙 및 동남아사아에 대한 침략, 점령 때 그 상징으로 사용됐기 때문이다.

특히 35년간에 걸쳐 일본의 식민지 지배를 받았던 한국은 일장기와 관련한 쓰라린 경험이 많다. 조선총독부를 비롯해 일선 파출소에 이르는 관공서는 물론, 학교교실에도 일장기가 걸려 일본제국에 충성하는 '황국신민'(皇國臣民)이 될 것을 강요받았다.

일제강점기였던 1936년 베를린올림픽 마라톤경기에서 우승한 손기정(孫基禎)은 일본 선수로 일장기를 달고 뛰었고, 당시 〈동아일보〉는 시상대에 선 손 선수의 가슴에 달린 일장기를 지운 사진을 게재했다. 이 일장기 말소사건으로 〈동아일보〉는 간부들이 구속당하고 정간당하는 수난을 겪었다.

일본제국의 통치, 침략을 받은 한국과 중국 등에선 당시에도 일장기에 대한 거부감과 혐오감이 강했고, 지금도 그런 경향이 남아 있다.

일장기와 기미가요는 일본 국민들을 전쟁에 동원하고 그 전쟁이 일본 국가와 민족을 위한 것이라고, 정당화하는 데 유용한 도구로 사용됐다. 전술했듯이 일본이 일으킨 침략전쟁으로 아시아 각국에서의 사망자는 약 2천만 명에 달하고 일본인 병사 등 일본 측 희생자도 310만 명에

야스쿠니 신사에서 일장기 등을 들고 행진을 벌이는 일본 우익들

일장기 앞에서 간 나오토 총리가 기자회견을 하고 있다.

이른다. 일본에선 그 병사 등도 어떤 의미에선 일본제국이 벌인 침략전쟁의 피해자라는 인식도 있다. 과거 일본이 저지른 침략행위 등을 비판, 반성하는 입장에서 교사 등 일본 내 양심적인 세력들이 일장기 게양, 히노마루 제창에 반대하고 있는 것이다.

1999년에 와서야 정식 국가, 국기로 제정

쇄국정책으로 일관하던 에도(江戸) 막부가 1854년 미일 화친조약 체결로 문호를 개방한 뒤 일본 선박을 외국 선박과 구별할 수 있는 표시가 필요해져, 1855년 태양을 한가운데 넣은 기를 선박에 단 것이 일장기를 처음 사용한 것으로 기록돼 있다.

메이지 유신 이후 일장기는 1870년 상선규칙에 국기로 규정돼 일본 선박의 국적표시기로 사용됐고, 이후 한가운데 태양에서 16개의 햇살이 퍼져나가는 모양의 욱일기(旭日旗)가 육군의 '연대기'(군기), 해군의 '군함기'로 사용됐다. 태평양전쟁 등 일본의 침략전쟁 중에도 일본군은 이 깃발을 사용했고, 이후 이 욱일기를 약간 변형해 자위대기로 사용하고 있다. 그러나 히노마루는 1999년까지 법령으로 국기로 규정되지는 않은 채, 사실상 국기로 사용되었다.

일본학교 졸업식 등의 행사에 참석했을 때 들어본, 기미가요 제창은 대체적으로 한국의 애국가 제창보다는 소리가 잘 들리지 않을 정도로 작았다.

기미가요는 애국가와 달리 가사가 아주 짧은데 "천황의 세상이 천대로, 8천대로, 작은 조약돌이 큰 바위가 되어서 이끼가 낄 때까지"라는 내용이다. '기미'(君)는 시가에선 '그대', '님'이라는 의미 등 다양하게 해석되나 기미가요에서의 '기미'는 일반적으론 천황으로 해석된다. '기미가요'(君が代)는 '천황의 세상(시대)'란 뜻이다.

일본에 우경화 현상이 표면화되기 시작하던 1999년 3월. 히로시마현의 현립 고교장이 졸업식을 앞두고 국가제창을 지시하는 교육위원회의 직무명령과 종래와 같이 기미가요 제창 없는 식을 요구하는 교원노조 사이에 끼여 고민하다가 졸업식 전날 자살하는 사건도 일어났다.

1999년 8월 오부치 게이조(小渕惠三) 내각은 국기 및 국가에 관한 법률을 정식으로 제정했고, 이어 도쿄도 등 각 교육위원회는 2003년 10월 공립학교에 졸업식 등에서 기미가요 제창시 교직원의 기립 및 제창 등을 의무화하는 '통달'(방침)을 내려보냈다.

그동안 처분받은 교직원들이 전국각지에서 처분취소를 요구하며 제기한 소송이 수백 건에 달하는 가운데 1심과 2심에선 '기립, 제창의무화는 특정 사상의 강제는 아니며 합헌'이라는 판결이 대세였고 이번엔 최고재판소까지 합헌결정을 내린 것이다.

그런가 하면 오사카부(大阪府) 의회는 2011년 6월초 일본 자치단체로서는 처음으로 공립학교 교직원의 기미가요 제창시 기립을 의무화하는 조례를 통과시켰다. 다른 지자체의 조례제정도 예상되고 있다.

• 제6부 •

일본사회의 변화

왜 재일교포는 줄어드는가

16

Keyword: '코리아계 일본인'

재일교포보다 많아진 재일중국인

우리가 흔히 재일교포라고 부르는 식민지시대부터 일본에 있었던 사람들과 그 자손들을 일본에선 '자이니치'(在日) 라고 부른다. 일본 매스컴 등에서 어떤 재일교포를 소개할 때는 '在日 1세'라든지 '在日 3세' 등으로 표기한다. 2011년 아시아컵 축구대회에서 일본팀 선수로 결승골을 넣은 이충성(李忠成)의 경우 '在日 4세'로 소개되는 식이다.

식민지시대는 물론이고, 해방후 일본에 살고 있는 외국인의 출신국가 중 수적으로 가장 많은 나라는 '한국, 조선'이었다(일본 법무성은 민단계는 한국, 조선총련계는 조선으로 분류하고 있다. 이 책에선 둘을 합쳐 이하 한국으로 표기).

1945년 해방직전 일본에 살던 한국인(236만 5, 263명) 중 약 70% 이상은 해방후 귀국했고, 이후 일본에 거주하는 재일교포(자손 포함)는 약 53만~69만 명 선이었다. 그래서 통칭 '60만 재일교포'로 불렸다.

© Yonhapnews

일본 대표선수로 아시아컵 축구대회에서 결승골을 성공시키고 기뻐하는 이충성

일본 관계법령은 3개월 이상 일본에 체류하는 외국인의 경우 반드시 외국인 등록을 하도록 규정하고 있다. 이들을 정주(定住) 외국인이라고 부른다.

정주 외국인 가운데 10년 이상 거주 등의 일정 자격요건을 갖춘 경우 영주자격을 부여하는데, 이 경우에 해당하는 사람은 일반 영주자라고 한다. 일본의 구 식민지였던 한국과 타이완에서 당시 내지(內地)로 불렸던 일본으로 와 살다가 일본 패전 후 그대로 일본에 살고 있는 한국, 타이완 출신자와 그 자손들은 특별 영주자라고 부른다.

재일교포들은 외국인 등록을 마친 외국인 총수에서 차지하는 비율이 1947년 93.6%, 1950년 91.0%, 1990년 64.0% 등으로 항상 부동의 1위였다.

그런데 2005년말 기준(법무성 통계)으로 한국출신은 1960년대 말 이래 유지되던 60만 명 선이 처음 깨진 뒤 계속 감소해 2007년엔(59만 3,489명) 순위도 2위로 내려앉았다. 대신 중국 출신이 사상 처음 60만 명을 넘어서면서 1위(60만 6,889명)가 됐다.

중국 출신은 10년 전인 1997년에는 25만 2,164명에 불과했으나 중국의 경제발전에 따른 비즈니스맨 이주, 해외유학 증가 등으로 그 수가 매년 폭발적으로 증가, 불과 10년 사이에 약 2.4배가 불어났다. 일본의 소자화(少子化) 현상으로 학생확보가 어려운 일본의 대학들이 외국인 유학생, 특히 중국 유학생을 적극적으로 받아들인 것도 증가의 한 원인이다.

일본 내 혐중현상 심화

일본의 음식점이나 대중술집인 이자카야 등에서 일하는 종업원이나 아르바이트를 하는 사람들은 제복에 명찰을 달고 있다.

명찰을 보면 한국식이나 중국식 성도 상당히 많이 눈에 띈다. 이들의 일본어 발음을 들어보면 중국식 억양으로 말하는 경우가 상대적으로 많다.

일본 학생지원기구의 통계에 의하면, 일본에서 공부하는 유학생 숫자도 1990년대까지는 한국이 1위였으나 2010년 5월말 현재 외국유학생(14만 1,774명) 중 중국 출신이 전체의 약 60%(8만 6,173명)로 단연 1위를 차지하고 있다. 10년 사이 2.7배가 늘어났다. 한국이 2만 202명으로 2위이고, 타이완 3위(5,297명), 베트남 4위(5,297명), 말레이시아 5위(2,465명)의 순이다.

중국인 유학생들 가운데 졸업 후 귀국하지 않고 일본 내 기업 등에 취업하거나 개인사업 등을 하는 경우가 늘어나고, 이들이 본국의 중국인 등과 결혼해 배우자와 자녀가 일본에서 생활하게 돼 재일 중국인 숫자가 크게 늘어나는 것으로 분석된다.

불법 체류자를 포함한 재일 중국인의 급증은, 중국인에 의한 범죄증가 등 많은 사회문제를 일으키고 있다. 특히 후쿠오카(福岡) 일가족 4명 살해사건(2004년) 등 흉악사건에 관련된 경우도 많아, 중국인에 의한 범죄는 일본사회에 심각한 불안요인이 되고 있다. 중국인들에겐 방을 임대해 주지 않으려는 일본인 집주인도 많다. 1980, 1990년대엔 한국 유학생들이 방을 구하기 힘들었다.

거기에다 고이즈미 정권 시절 야스쿠니 신사 참배문제, 센카쿠 열도

분쟁을 둘러싸고 중국에서의 대규모 반일데모 등의 영향도 있어 일본 내 중국인들에 대한 감정은 극히 비우호적이다.

2005년 이래 내각부 여론조사에서 중국에 대해 '친밀감을 느끼지 않는다'고 답한 비율이 계속 60% 전후를 나타내고, 특히 센카쿠 분쟁 직후(2010년 10월) 조사에선 77.8%에 이르는 등 각종 여론조사에서 나타나는 중국, 중국인이 싫다는 이른바 혐중(嫌中) 현상은 최악의 수치다.

혐중 현상과 비교하면, 혐한(嫌韓) 현상은 그렇게 심각한 수준은 아니다. 내각부 여론조사(2010년)에서 한국에 '친밀감을 느끼지 않는다'는 응답은 36.0% 이고, '한국에 친밀감을 느낀다'는 61.8%로 나타났다. 이 여론조사에선 현재의 한일관계를 '양호하다'고 보는 응답이 59.9%, '양호하다고 생각하지 않는다'가 36.7%였다. '욘사마'로 상징되는 한류붐의 영향 등으로 한국, 한국인에 대한 일본인의 인식은 2000년대 이후 상대적으로 많이 개선됐다고 할 수 있다.

한일합방 이후 재일조선인 급증

그렇다면, 한국인들은 언제부터 바다를 건너가 일본 땅에서 살기 시작했을까?

쇄국정책으로 일관하던 일본은 에도(江戶)시대(1603~1867년) 말기인 1853년 페리함대 내항 이후 어쩔 수 없이 서방에 문호를 개방하지만, 그 이전 유일하게 교류하던 나라는 조선통신사를 파견(1607~1811년, 12차례)하기도 했던 조선이었다. 그러나 조선 역시 쇄국정책을 펴고 있어 에도시대 말기까지 일본으로 건너가 거주한 조선인은 거의 없었다.

강화도 사건을 일으킨 일본의 강요에 의해 1876년 조일 수호조규(강화도조약)가 체결된 이후인 1881년 최초의 일본 유학생 2명이 게이오의숙(慶應義塾)에 입학하는 등, 일부 조선인이 일본에 살기 시작했다. 그러나 일반상인이나 노동자는 거의 없었고, 정치적 망명자나 유학생들이 대부분이었다. 그 숫자는 수십 명에 불과했다.

망명자는 김옥균(金玉均)이나 박영효(朴泳孝), 명성황후 시해사건 때 일본 측에 가담했던 우범선(禹範善) 등 민씨일파에 반대하는 입장의 개화파나 친일인사들이 대부분이었다. 이들 친일 망명자들에겐 일본 외무성이 매월 생활비를 보조해 준 기록이 남아 있다.

일본 정부의 통계(《제국통계연감》)에 따르면, 재일조선인은 1896년 19명, 1897년 155명이고, 청일전쟁이 일어난 1904년 233명, 대한제국(1897~1910년)이 일본에 강제합병되기 직전인 1909년엔 790명으로 늘어났다. 망명자 이외에 광부 등으로 임시고용돼 온 경우도 일부 있었다.

한국이 일본의 식민지로 전락(1910년 8월 29일)한 이후 재일조선인은 숫자가 급증한다. 1910년 2,246명, 1915년 3,917명이던 것이 1917년엔 1만 4,502명으로 사상 처음 1만 명을 넘어섰고. 1920년 3만 189명, 1930년 29만 8,091명, 1940년 119만 444명으로 폭증했다.

1945년 8월 일본 패전 직전엔 무려 236만 5,263명에 달했다. 당시 재일조선인 약 240만 명은 해방당시 국내 인구(약 2,500만 명)의 약 10%에 해당하는 수치다. 1945년 해방 당시 한국거주 일본인 수가 약 76만 명이었던 점을 감안할 때 그 숫자가 상당한 것임을 알 수 있다. 한일 강제합병으로부터 시작한 재일코리언의 역사는 2010년, 1백 년을 맞았고 새로운 세기로 들어간 셈이다.

표 6 | 해방전 재일조선인 인구추이(1910~1945년)

단위: 명

연도	인구	연도	인구
1910	2,246	1928	238,102
1911	2,527	1929	275,206
1912	3,171	1930	298,091
1913	3,635	1931	311,247
1914	3,542	1932	390,543
1915	3,917	1933	456,217
1916	5,624	1934	573,695
1917	14,502	1935	625,678
1918	22,411	1936	690,501
1919	26,605	1937	735,689
1920	30,189	1938	799,878
1921	38,651	1939	961,591
1922	59,722	1940	1,190,444
1923	80,415	1941	1,469,230
1924	118,152	1942	1,625,054
1925	129,870	1943	1,882,456
1926	143,798	1944	1,936,843
1927	165,286	1945	2,365,263

해방 당시 재일조선인 240만 명

그렇다면 왜 이렇게 많은 조선인들이 일본으로 건너갔을까? 그것은 조선총독부의 식민지 지배정책과 일본 정부의 대륙침략 노선과 밀접한 관련이 있다. 우선 조선총독부가 강제합병 이후 시작한 토지조사사업(1910년)과 산미증산계획(1920년대)에 의해 토지를 잃어버렸거나 경작 농산물을 수탈당한 농민들이 호구지책을 찾아 일본으로 가기 시작했다. 제 1차 세계대전 이후 일본 국내의 도로, 철도공사, 광산개발 등을 서두르던 일본 정부는 조선인들을 싼 노동력(일본인 노동자 반값 이하의 임금)으로 이용하기 위해 조선인의 입국요건을 완화(1922년)했다. 그 결과 1920년 3만 명 선이던 재일조선인은 1924년엔 약 12만 명으로 4배 이상 늘어났다.

일본이 만주사변(1931년), 중일전쟁(1937년) 등 대륙침략 전쟁을 확대함에 따라 일본 청장년층은 대부분 군대에 동원됐다. 그리고 그로 인해 발생한 노동력 부족을 메우기 위해 1930년대 후반부터 조선인에 대한 노골적인 강제연행, 징용이 행해졌다. 그 숫자는 수백만 명에 이른다. 이들은 주로 탄광, 토목건축, 공장 등에 보내져 인간 이하의 취급을 받으며 가혹한 노동을 강요받았다.

일본 국내뿐 아니라 당시 일본 영토이던 사할린 등지에 보내진 사람들은 일본 패전 후 구소련 땅이 된 사할린에서 수십 년간 한국으로도, 일본으로도 돌아오지 못한 채 '기민'(棄民) 상태의 기구한 운명이 됐다. 한러 수교(1990년) 이후 겨우 사할린 거주 동포들의 귀국길이 열렸다.

1923년 9월 1일 일어난 간토 대지진 때 멸시와 차별 속에 살아가던 재일조선인 사회는 지진피해뿐만 아니라 일본인들로부터 엄청난 피해를 당했다. 도쿄, 요코하마(橫濱) 등 간토지방 남부를 덮친 이 대지진은 사망·행방불명자 10만 4,619명에, 44만 7천 동의 건물이 전소하는 등, 일본 역사상 미증유의 대재앙이었다.

이때 일본 민간 방범조직인 자경단은 '조선인이 우물 속에 독약을 뿌렸다', '방화했다'는 등의 유어비어를 퍼트리며 조선인을 무차별 학살했다. 계엄령 발동으로 출동한 군인들 중 일부도 학살에 가담했다. '특고'(特高)로 불리는 조선인 담당 특별고등경찰은 조선인들을 닥치는 대로 납치, 연행해갔다. 이때 사망한 조선인은 5천~6천 명 정도(한국 측 주장)로 알려지고 있으나, 오늘날까지 진상은 밝혀지지 않고 있다. 당시 재일조선인이 약 8만 명이었던 만큼 약 6천 명이 사망했다면 재일조선인 13명 중 1명꼴로 희생된 셈이다.

태평양전쟁 발발 후 일본은 확전에 따른 병력부족을 해소하기 위해 조선인 징병정책을 실시, 36만여 명의 조선인이 군인, 군속(軍屬)으로 전장에 끌려가 그 가운데 2만여 명이 사망했다.

재일조선인들은 또 1945년 8월, 미군이 히로시마와 나가사키에 원폭을 투하할 때에도 큰 수난을 당했다. 특히 군수공장 등에서 일하던 조선인이 많이 살던 히로시마의 원폭피해자(약 40만 명) 중 약 7만 명이 재일조선인이었고 사망자 약 14만 명 가운데 조선인 사망자는 4만 명에 달한다. 특히 히로시마에 대거 이주해 있던 경남 합천 출신의 피해가 컸다. 현재 합천에는 귀국한 원폭피해자의 치료 등을 위한 원폭피해자 복지시설이 일본정부의 지원으로 건립(1996년)돼 있다.

해방후 민단과 총련으로 분열

해방후 많은 재일조선인들이 귀국길에 올랐지만, 1946년 3월 현재 재일조선인 64만여 명이 남아 있었다. 그 가운데 약 80%인 51만여 명이 귀국을 희망했으나 당시 조국은 해방직후 좌우익의 대립이 격화되는 등 극심한 혼란이 계속됐다. 재일조선인들 사이에선 상황을 좀더 지켜보고 귀국 여부를 결정하자는 분위기가 팽배해졌다.

이들 가운데 수만 명이 귀국했지만, 귀국한다 해도 생활기반이 마땅치 않은 사람 등은 일단 일본에서 생활하는 길을 택할 수밖에 없었다. 시간이 갈수록 귀국열기도 점점 식어갔다. 차일피일 귀국을 미루던 사람들 중 상당수가 일본 잔류를 결정하기 시작했고 귀국했던 사람들 중 일부는 혼란한 국내 상황을 피해 일본으로 밀항해 되돌아가는 현상까지 생겨났다.

1947년 당시 외국인등록령에 따라 등록한 재일코리언은 59만 8천 507명이었다. 이들이 현재의 재일교포 사회를 형성하는 원점이 되었다. 재일교포 사회는 1945년 10월 '재일본 조선인연맹'(1955년 5월 재일조선인 총연합회로 조직을 개편, 약칭 '조선 총련')을 결성했으나 이 단체가 좌경화로 치닫자 이에 반발한 보수계가 1946년 10월 '재일본 조선거류민단'(1948년 10월 재일본 대한민국거류민단으로 개칭, 약칭 '민단')을 결성하며 분열됐다.

이후 두 단체는 남북한으로 분단된 각각의 조국을 지지하는 입장으로 반목과 대립을 계속했다. 외국인 등록시 민단계는 국적란에 한국으로, 총련계는 조선으로 기입한다. 국적이 조선인 교포 가운데는 북한도, 한국도 지지하지 않는다는 입장에서 소멸된 나라인 조선(朝鮮)이 자신의

1970년대 서울에서 열린 재일교포 조국방문단 환영행사

조국이며, 자신은 현재 무국적자라고 생각하는 사람도 있다.

민단과 총련의 분열에 따라 일본 전국의 각급 조선학교는 총련이 장악했고, 민단이 운영하는 한국학교는 도쿄, 오사카 등에 있는 4개 정도에 불과했다. 현재 총련이 운영하는 각급 조선학교(총련 홈페이지엔 120개) 교실엔 김일성과 김정일 부자의 사진이 걸려 있고 조선어, 조선사 등의 교육 이외에 주체사상도 가르치고 있다. 일본어는 외국어로 가르치고 다른 과목은 일본의 각급학교 커리큘럼과 비슷하다.

조선학교엔 북한국적자만 다니는 것은 아니다. 한국국적이거나 또는 일본국적이라도 부모 중 어느 한쪽이 한국, 북한이면 입학이 가능하다. 현재 조선학교 재학생의 국적별 분포는 북한 46%, 한국 51%, 일본과 중국국적의 조선족 3%로 돼 있다.

한국국적이 많은 것은 북한 축구국가대표선수 정대세(鄭大世)와 같이 북한지지이지만 아버지 국적을 따라 어쩔 수 없이 한국국적이 된 경우와, 한국 국적자 가운데 북한을 지지하지는 않지만 자녀의 조선어교

© Maekawa Keiji

도쿄 치요다(千代田)구에 있는 조총련 본부 건물

육을 위해 조선학교에 보내는 경우가 많기 때문이다.

필자의 어느 교포 지인(한국 국적)은 한국어를 가르치기 위해 아들을 집 인근의 조선학교 초등부에 입학시켰다. 그러나 아들이 "학교에 가면 매일 김정일 장군님을 떠드니 더 이상 못 다니겠다"고 해 몇 달 후 일본 학교로 전학시켰다고 말한다.

1950년대 말 총련은 북한을 '지상낙원'이라며, 교포들을 북한으로 귀국시키는 조국귀환 사업을 전개했다. 1959년 12월 첫 귀환선이 니이가타(新潟)에서 북한으로 출발한 이래 1984년까지 약 9만 3,339명이 북한으로 건너갔다. 일본은 골치 아픈 존재인 재일조선인들을 국외로 내보내는 효과가 있었던 만큼 일본 각지에서 니이가타까지의 교통비와 식사비 등을 지원했다. '지상낙원'이라던 북한으로 건너간 사람들이 일본에 있는 지인들에게 보낸 편지에는 대부분 잘 지내고 있으니 걱정 말라는 내용과 함께 돈과 물건을 보내달라는 부탁이 반드시 적혀 있었다.

이 당시 형이 북한으로 건너간 한 총련계 재일교포는 1990년대 부인과 자녀들의 국적을 한국으로 변경했지만, 자신은 매년 북한으로 가서 만나는 형의 입장을 생각해 북한국적을 그대로 가지고 있다고 말했다.

민단과 총련은 남북화해와 교류협력을 내건 김대중・노무현 정권 시절 일시적으로 협조하는 분위기가 형성됐지만 이명박 정권이 들어선 뒤 남북관계가 삐걱거리자 다시 냉기류가 형성되고 있다.

표 7 | 해방후 재일한국인 및 재일조선인 인구추이 (1946~2010)

단위: 명

연도	인구	연도	인구	연도	인구	연도	인구
1946	647,006	1962	569,360	1978	659,025	1994	676,793
1947	598,507	1963	573,537	1979	662,561	1995	666,376
1948	601,772	1964	578,545	1980	664,536	1996	657,149
1949	597,561	1965	583,537	1981	667,325	1997	645,373
1950	544,903	1966	585,278	1982	669,854	1998	638,828
1951	560,700	1967	591,345	1983	674,581	1999	636,548
1952	535,065	1968	598,076	1984	687,135	2000	635,269
1953	575,287	1969	607,315	1985	683,313	2001	632,405
1954	556,239	1970	614,202	1986	677,959	2002	625,422
1955	577,682	1971	622,690	1987	676,982	2003	613,791
1956	575,287	1972	629,809	1988	677,140	2004	607,419
1957	601,769	1973	636,346	1989	681,838	2005	598,687
1958	611,085	1974	643,096	1990	687,940	2006	598,219
1959	619,096	1975	647,156	1991	693,050	2007	593,489
1960	581,257	1976	651,348	1992	688,144	2008	589,239
1961	567,452	1977	656,233	1993	682,276	2009	578,495
						2010	565,989

자료: 일본법무성 외국인등록자통계

재일교포 매년 약 만 명씩 귀화

2010년 현재 일본 내 한국·조선인은 1991년 이후 계속 감소해 56만 5,989명(재일외국인 총수의 26.5%)으로 2위를 기록하고 있다. 이 가운데 특별영주자로 분류되는 재일교포는 39만 5,234명이고, 나머지는 '뉴커머'로 불리는 한국에서의 이주자, 유학생 등이다.

재일교포가 감소하는 가장 큰 원인은 일본으로 귀화하는 숫자가 꾸준히 늘어나고 있다는 데 있다. 일본인과 재일교포와의 결혼은 1989년 처음 연간 1만 명을 넘어선 이래 1990년대 이후엔 매년 7천~1만 2천 명 선을 기록하고 있다. 이들 중 상당수가 일본국적을 취득하고 있고, 2010년말 현재까지의 귀화 한국·조선인은 33만 4,962명(〈표 8〉 참조)에 달한다.

뉴커머를 제외한 재일교포 약 40만 명 중 8천 명가량이 매년 귀화한다고 계산하면, 매년 100명 중 2명꼴로 일본사람이 되고 있다. 일본사회에의 동화현상이 상당히 빠르게 진행되고 있음을 말해 준다.

이와는 반대로 한국에서 1980년대 이후, 일본으로 유학온 뒤 졸업 후 취직해 일본에 계속 살거나, 비즈니스관계 등으로 일본에 정착한 이른바 뉴커머들이 많이 증가하고 있다. 뉴커머의 증가에도 불구하고 재일교포의 귀화와 노년층 인구의 사망 등이 더 많아 한국·조선출신은 매년 감소하고 있는 추세다.

한국의 민주화와 경제발전, 한류붐 등의 영향도 있어 일본사회의 한국 및 재일한국인에 대한 차별과 편견은 예전에 비해 상당히 개선됐다. 그러나 결혼과 사업 등에서는 한국계란 사실은 여전히 부담이 되고 있고 그것이 귀화증가의 가장 큰 이유라고 볼 수 있다.

2010년말 현재 일본에 살고 있는 외국인은 213만 4, 151명(법무성, 외국인등록자통계)으로 일본전체 인구(1억 2, 576만 명)의 1. 67%다.

그 가운데 1위인 중국인이 68만 7, 156명으로 전체의 32. 1%를 차지하고, 한국・조선은 56만 5, 989명(전체의 26. 5%)으로 2위다.

표 8| 연도별 재일한국 및 재일조선인 귀화자수

단위: 명

연도	인구	연도	인구	연도	인구
1952	232	1972	4,983	1992	7,244
1953	1,326	1973	5,769	1993	7,697
1954	2,435	1974	3,973	1994	8,244
1955	2,434	1975	6,323	1995	10,327
1956	2,290	1976	3,951	1996	9,898
1957	2,737	1977	4,261	1997	9,678
1958	2,246	1978	5,362	1998	9,561
1959	2,737	1979	4,701	1999	10,059
1960	3,763	1980	5,987	2000	9,842
1961	2,710	1981	6,829	2001	10,295
1962	3,222	1982	6,521	2002	9,188
1963	3,558	1983	5,532	2003	11,778
1964	4,632	1984	4,608	2004	11,031
1965	3,438	1985	5,040	2005	9,689
1966	3,816	1986	5,110	2006	8,531
1967	3,391	1987	4,882	2007	8,546
1968	3,194	1988	4,595	2008	7,412
1969	1,889	1989	4,759	2009	7,637
1970	4,646	1990	5,216	2010	6,668
1971	2,874	1991	5,665	합 계	334,962

자료: 법무성 귀화허가자통계.

3위는 일본계 브라질인(일본은 1900년대 초 브라질로 이민을 보내 현재 약 150만 명의 일본계 브라질인이 거주) 등을 1980년대부터 정책적으로 받아들인 영향으로 브라질(약 23만 명)이고, 4위 필리핀(약 21만 명), 5위 페루(약 5만 4천 명) 등의 순이다.

민주당은 재일교포 등 외국인에게 지방참정권을 부여하는 문제에 대해 야당시절부터 적극적인 자세였고 집권초기엔 상당한 관심을 표명했었다. 그러나 제 1야당인 자민당 등 보수세력은 "투표하고 싶으면 귀화하면 될 것 아니냐"며 극력 반대하고 있고, 이후 민주당 내에도 이렇다 할 움직임이 없는 상태다.

두각을 나타낸 재일코리언들

일본에 한류붐이 일어난 2000년대 초반 이후에는 사정이 조금 달라졌지만, 재일코리언들은 일본사회의 차별과 편견 때문에 일류대학을 나와도 번듯한 기업은 물론 중소기업에조차 취업하기가 힘들었다. 그래서 파칭코, 야키니쿠 가게 등의 가업을 이어받는 경우가 많았다. 그러나 일본사회에서 유무형의 차별과 장벽에 시달리면서도 각계에서 두각을 나타낸 재일코리언들도 상당수 있다.

문학계에선 작가 김석범(金石範), 양석일(梁石日)과 시인 김시종(金時鐘) 등 재일교포 1세들 외에도 일본에서 가장 유명한 문학상인 아쿠타카와(芥川)상과 나오키(直木)상을 수상한 작가도 상당수다. 이회성(李恢成), 이양지(李良枝), 유미리(柳美里), 가네시로 가즈키(金城一紀) 등의 작가들이 그 예이다.

강상중(姜尙中)은 재일교포로는 사상 처음으로 국립대학인 도쿄대학 교수로 임용(1996년)돼 화제가 됐고, 활발한 저술활동으로도 유명하다. 국공립대학과 사립대학엔 현재 수백 명의 한국계 교수가 재직하고 있다.

미술계엔 서양화가 이우환(李禹煥)이, 음악계엔 남북과 일본을 오가며 활동하는 오페라가수 전월선(田月仙), 지휘자 김성향(金聖響) 등이, 영화감독으론 최양일(崔洋一), 김수진(金守珍), 이상일(李相日) 등이 활약하고 있다.

전후 한국계로 국회의원이 된 사람도 두 명 있다. 박경재(朴景在)는 16세 때 귀화해 아라이 쇼스케(新井將敬)란 이름으로 대장성 관료 등을 지낸 뒤, 1986년 도쿄 2구에서 자민당 소속으로 중의원에 당선됐다.

그는 4선 의원 시절이던 1997년 증권스캔들에 연루돼 검찰의 체포영장이 발부되자 이는 민족차별에 기인하는 것이라며 호텔에서 자살했다.

조선일보 일본지사장을 지내며 텔레비전 인기프로에 출연해 얼굴을 알린 백진훈(白眞勳)은 2003년 귀화, 다음 해 참의원 선거에 민주당 비례구로 출마해 당선됐다. 이름은 본명의 일본식 발음인 '하쿠 신쿤'이고, 선거공약도 '일・한이 더욱 사이좋게'를 내걸었다. 그의 당선은 한류붐과 함께 달라진 한국과 재일한국인에 대한 일본사회의 인식을 보여주는 좋은 사례로 꼽을 수 있다. 그는 2010년 참의원 선거에서도 당선돼 재선의원이 됐다.

경제계에서는 롯데그룹 창업자인 신격호(辛格浩), 소프트 뱅크 사장 손정의(孫正義)가 가장 유명하다. 손 사장은 동일본 대지진 성금으로 가장 많은 액수인 100억 엔을 기부했고 자연에너지 개발사업에도 적극적인 움직임을 보이고 있다.

김경득(金敬得)은 사법시험에 합격했으나 국적을 이유로 사법연수생에 채용되지 않자 최고재판소에 부당함을 지적하는 청원서를 제출(1977년), 투쟁을 벌였다. 결국 '일본 국적이 아닌 것을 이유로 사법연수생을 불채용해서는 안 된다'는 결정이 내려져 변호사가 됐다. 그가 변호사에의 길을 연 이후 수십 명의 재일코리언들이 변호사가 돼 활동 중이다.

연예계에는 재일코리언이 적지 않다. 매년 연말에 인기가수가 총출동해 벌리는 인기프로인 〈NHK 가요홍백전〉을 두고 얼마 전까지만 해도 "재일코리언이 없으면 열 수 없을 정도"라는 말이 있을 정도였다. 자신이 한국계이지만 일본 국적을 취득했다고 공개적으로 밝히는 유명가수, 배우 등도 최근 들어 늘어나고 있다.

1960년대 이래 인기가수인 미야코(都) 하루미가 공개한 이래 최근

소프트 뱅크 사장 손정의

한국정부로부터 훈장을
수여받고 있는 장훈

엔 배우 이하라 츠요시(伊原剛志) 등이 한국계임을 스스로 밝히고 있다. 2002년에 데뷔한 아이돌가수인 소닌(ソニン)은 자신의 한국이름 성승임(成勝任)을 그대로 사용하고 있는 케이스다. 한일 양국에서 가수활동을 하고 있는 아유미는 일본에선 아이코닉(ICONIQ)이란 예명을 사용한다. 그러나 여전히 한국계임을 밝히지 않는 것이 유리하다는 판단 아래 공개하지 않는 연예인들도 많다.

일본 프로야구에서 최다안타를 기록한 장훈(張勳) 선수는 처음부터 한국인임을 드러내고 활동한 케이스이지만, 2011년 현재 한신 타이거즈의 강타자로 활약중인 가네모토 도모아키(金本知憲)처럼 인기선수가 된 뒤 한국국적에서 귀화했다고 밝힌 경우도 있다.

그러나 한국계 프로야구 전·현직 선수 중엔 아직도 한국계임을 드러내지 않고 있는 경우가 많다. 프로축구 선수도 마찬가지다. 한국계임을 숨기고 있는 연예인 등을 주간지 등이 찾아내 악의적으로 매도하는 보도도 적지 않다.

다섯 살 때 도일, '명인'(名人) 등 일본 바둑계 전 타이틀을 석권한 바 있는 조치훈(趙治勳)은 2010년말 오청원(吳淸源)이 가지고 있던 일본 기원 최다승기록을 경신하는 등 현역으로 활동중이다.

3개 국어 가능한 '재일조선족' 5만여 명

도쿄 신주쿠(新宿)에 있는 어느 이자카야에 들렀더니 아르바이트하는 학생의 명찰이 '權○○'로 한국식 이름이다. 우리말로 "한국에서 왔느냐"고 물었더니 "옌벤(延邊)에서 유학 왔다"고 한다.

일본으로 유학 온 이유를 묻자, "조부모가 안동출신이라 한국에 가고 싶었지만 아무래도 선진국인 일본으로 오는 것이 배울 게 많을 것 같아서 왔다"고 말한다.

2011년 1월 현재 한국에 체류하고 있는 조선족(약 28만 명)에 비하면 그 수가 적지만, 일본에도 조선족의 진출이 늘어나고 있다. 조선족의 경우 국적이 중국인 만큼 일본에 온 중국인 가운데 어느 정도인지 발표되지 않아 정확히 파악하기 힘들지만, 2010년말 현재 약 5만 명으로 추산된다.

일본에서 생활하는 조선족은 대체적으로 중국어에다 조선어(한국어), 거기에 일본어 등 3개 국어를 할 수 있는 것이 강점이다. 3개 국어를 구사할 수 있는 재일조선족이 늘어나고 있지만, "중국인도, 한국인도, 일본인도 될 수 없는 애매모호한 존재(1980년대 조선족 자치주에서의 인기가수 金京子)"라는 자기분석(〈아사히신문〉, 2010년 2월 12일자)도 있다.

공생 아닌 동화를 강요하는 일본사회

재일코리언은 폐쇄적이고 배타적인 일본사회에서 차별과 편견 속에 힘겨운 마이너리티의 삶을 살아가고 있다. 이들에게 일본의 법과 제도, 그리고 일본사회는 공생이 아닌 동화의 길을 강요하고 있고, 일본으로의 귀화는 곧 동화를 선택한다는 의미를 갖는다. 이제 재일 1세는 전체 교포의 불과 2~3%선으로 추정되고, 재일 5세가 학교를 다니고 있다. 재일 3세 이하로 내려갈수록 대체적으로 민족적 아이덴티티(동일성)는 점차 희박해지고 있다.

남아공 월드컵대회에 북한대표로 출전했던 정대세는 "내가 태어나고, 자라고, 친구들도 많이 있는 일본이 앞으로 살아가고 활약할 터전"이라고 말한다. 그의 말처럼 대부분의 재일교포들은 한국이나 북한이 자신의 생활거점이 되지는 않는다고 생각한다. 그들은 대부분 태어나고 자란 일본에서 생활할 길을 찾고 있다.

재일 1~2세 등이 겪었던 모진 신산(辛酸)은 세월의 흐름과 함께 서서히 풍화되어 가고, 그 후손들은 민족적 아이덴티티보다는 개인의 삶을 더 중요시하는 각자의 길을 택하고 있다.

© Yonhapnews

북한 축구 국가대표선수로 출전한 정대세

Key word

‘코리아계 일본인’

재일교포들 가운데는 롯데그룹의 신격호(辛格浩) 회장처럼 일본 국적을 취득하면서 시게미츠 다케오(重光武雄)와 같이 일본식 이름으로 바꾸는 것이 일반적이었고, 지금도 그렇다.

편견과 차별이 매우 심했던 만큼 일본인 이름으로 귀화해 한국, 조선 출신임을 모르게 하는 것이, 일본 사회에서 살아가고 사업을 하는 데 유리하다고 판단했던 것이다. 그런 의미에서 재일교포들은 대체적으로 호적에 올려져 있는 본명 이외에 ‘통성’(通姓)이라 불리는 일본식 이름을 가지고 있다.

그러나 1980년대 말 이래 한국식 이름을 그대로 사용하면서 귀화하는 경우도 늘고 있다. ‘코리아계 일본인’의 등장이다. 미국 등에서 말하는 이탈리아계 미국인이나, 한국계 미국인과 같은 개념이다.

소프트 뱅크의 손정의(孫正義) 사장, 파칭코 업계 최대그룹인 마루한 회장 한창우(韓昌祐), 축구선수 이충성 등이 대표적 케이스다.

손정의 사장의 경우 한자이름을 그대로 사용하지만 발음은 일본어식의 ‘손 마사요시’이다. 베이징올림픽에 일본 축구국가대표로 출전했고 2011년 아시아컵 축구대회에 다시 일본 국가대표로 발탁된 이충성도 ‘리 다다노리’라는 일본식 발음이다.

그러나 2000년 귀화한 한창우 회장은 “귀화해 성공한 한국계로 살아가자”는 것이 그의 지론으로 이름도 일본식 발음이 아니라 ‘한창우’란 한국식 발음을 그대로 사용하고 있다.

격투기의 추성훈(秋成勳) 선수는 본래 성을 일본식 아키야마(秋山)로 하고 이름은 한자를 일본식으로 발음한 요시히로(成勳)다. 귀화하지 않은 장훈(張勳)선수도 같은 형식의 하리모토 이사오(張本勳)다.

'재일코리언 일본국적 취득권 확립협의회'라는 단체의 이경재(李敬宰) 회장도 한국이름 그대로 귀화(2006년)했는데 그 이유를 "일본이름으로 '일본인'과 뒤섞여 살아가는 것이 아니라 '코리아계 일본인'으로 살아가는 것을 보여주고 싶다"고 일본신문과의 인터뷰에서 말했다.

재일교포뿐만 아니라 비교적 젊은 층들인 한국에서 온 뉴커머들 중에도 일본인과 결혼 후 국적을 바꾸는 경우가 늘어나고 있다. 젊은 층일수록 국적과 민족적 아이덴티티는 별개로 생각하는 경향이 강해, 일본인이 된다는 데 대한 거부감이 별로 없다. 일본에 귀화하는 것을 미국시민권을 얻는 것과 마찬가지로 생각하는 것이다.

17 한류와 일본에 부는 한국예찬론

Keyword: '기타초센'(北朝鮮)

한류붐은 일본사회의 큰 변화를 의미

2003년 NHK의 〈冬のソナタ〉(겨울연가) 방영에서 시작된 일본 내에서의 한류(韓流)열풍은 단순한 대중문화 교류를 넘어서, 근래 일본 사회의 가장 큰 변화 중의 하나라고 해도 과언이 아닐 정도다.

일본에서의 한류붐은, 과거 식민종주국으로 한국을 지배했고 해방후에도 한국을 후진국, 독재국가로 백안시했던 일본인들이 한국 대중문화에 대해 처음으로 긍정적으로 평가하고, 거기에다 열광까지 하게 됐다는 데서 불행했던 양국관계사에서 중요한 의미를 가지고 있다.

〈겨울연가〉의 히트 이후 NHK를 비롯한 일본 각 방송국은 앞다퉈 한국드라마를 방영했고, 2011년 7월 현재도 NHK가 사극 〈이산〉을 방영하는 등 일본 공중파방송에서 한국 드라마를 접할 수 있다. 한류 드

소녀시대(왼쪽)와 KARA의 일본공연

라마에 빠진 것은 일본의 중고년 여성만이 아니다. 중년남성들도 그동안 연애물에서 사극에 이르기까지 다양한 장르의 한국 드라마를 보는 재미에 익숙해졌다.

필자의 한 일본인 지인(신문기자)은 "가족 전부가 한국드라마 팬이 돼 가족들 간의 대화와 단란에도 좋은 재료가 되고 있다"라고 말한다.

영화, 드라마뿐만 아니라 동방신기, 보아, 소녀시대, KARA 등으로 대표되는 K-POP도 젊은 층에게 크게 어필하고 있다. 이에 따라 일본 매스컴에는 거의 매일이라고 해도 좋을 만큼 한국 드라마가 방영되거나 한국 연예인들에 관한 각종기사가 등장하고 있다.

한국 연예인들은 일본 진출을 당연시하고, 반대로 일본 유명연예인들은 한국에서도 인기가 높다. 대중문화의 경우 한일 양국은 국경이 없어졌다고 할 정도다.

불과 몇 년 전까지만 해도 일본인들이 가장 싫어하는 냄새라며 고개를 저었던 김치가 한류붐 이후 일본인들이 즐겨 먹는 '오싱코'를 제치고 절인 야채 판매량에서 1위를 차지하고 있다.

백화점 식품매장을 비롯해 동네슈퍼, 편의점 등에는 김치와 나물, 한국산 라면이나 김 등이 수북이 진열돼 있고, 도쿄 등 대도시엔 동네

도쿄 신오쿠보 코리아타운에 만들어진 자살한 한류스타 박용하를 추모하는 시설을 찾은 일본팬들이 합장하고 있다.

마다 한국 가정요리 가게가 반드시 있을 정도다. TV에는 김치, 찌개류, 막걸리 등의 CM이 줄을 잇는다.

이 같은 한류붐은 앞서 내각부 여론조사 결과에서 보듯이 일본인들의 한국, 한국인에 대한 이미지를 크게 개선시키고 있고, 종전 일본사회에서 편견과 차별의 대상이었던 재일교포에 대한 인식도 크게 변화시키는 작용을 하고 있다. 일제강점기 이래 일본에서 멸시와 수모를 당하며 살아왔던 재일교포들은 "이런 시대가 올 줄은 꿈에도 생각지 못했다"고 말한다.

한류붐은 조선통신사 왕래에 필적

일본은 고대시대 백제 등 3국으로부터 한자, 불교, 유교 등 한반도와 중국의 선진문물과 제도를 전수받았다.

그러나 일본인들은 고대신화에 나오는 진고(神功) 황후의 '삼한(三韓) 정벌' 주장 이래 한국에 대해서는 멸시와 편견을 가지고 있었고, 고대 한반도에 있던 국가들은 일본이 지배하고 있었다는 잘못된 역사인식에다, 또 정벌해야 마땅한 대상으로 간주했었다. 중세 전국시대를 통일한 도요토미 히데요시(豊臣秀吉)에 의한 조선출병, 즉 임진왜란은 그 같은 조선 멸시관을 바탕에 두고 있다.

앞서 언급했듯이 쇄국정책으로 일관하던 에도시대 12번에 걸친 조선통신사(400명 내외 규모)의 왕래는 일본의 관료, 학자와 일반인들이 외국문화를 접할 수 있는 유일한 기회였다. 이에 따라 일부 학자와 일본 민중들 사이엔 조선에 대한 긍정적인 평가와 동경이 생겨나기도 했다. 그런 면에서 조선통신사는 양국 간 문화교류와 우호를 상징하는 용어라 할 수 있다.

메이지 유신으로 아시아에선 가장 먼저 서구식 근대화에 성공한 일본은 조선을 침략해 식민지로 삼았다. 조선을 정벌, 복속시켜야 한다는 고대 이래의 관념을 실행에 옮겨 성공한 셈이다.

일제강점기, 해방 이후 1980년대까지만 해도 일본인들의 한국에 대한 감정은 후진국에다 군사독재국이란 멸시와 편견으로 가득 차 있었다. 당시로선 일본인들이 한국 대중문화에 열광한다는 것은 상상도 할 수 없는 일이었다. 88년 서울올림픽 개최를 계기로 일본인들의 한국관이 서서히 바뀌기 시작했다.

조선통신사 재현행렬이 일본의 한 지방을 통과하고 있다.

도쿄 신오쿠보
코리아타운의 한국가게들

이 같은 상황에서 생겨난 한류열풍은 양국교류사에서 특기할 만한 사안이라고 할 수 있다. 그동안 한일 간에 존재했던 대립과 반목, 편견과 질시를 넘어 대중문화를 통해 양국의 교류와 우호가 크게 증진되기 시작했기 때문이다.

물론 긴 역사의 흐름에서 보면 천수백 년간에 이르는 한일 관계사에서 두 차례의 침략전쟁을 제외하고 양국관계는 비교적 평온했다고도 할 수 있다. 고대시대 이래 형성된 뿌리 깊은 일본인의 한국인에 대한 멸시, 차별 관념이 한류붐을 계기로 과연 어느 정도 불식될 수 있을 것인가가 흥미롭다.

한류붐은 민간교류가 가장 중요한 배경

1990년대 말, 중국과 동남아국가 등에서 한국 드라마와 영화의 인기로 시작된 한류는 뒤늦게 일본으로 유입돼 '개화'했다. 왜 한국, 한국인에 대한 편견과 차별을 가지고 있던 일본인들이, 어느 날 갑자기 한국의 대중문화에 빠져드는 현상이 생긴 것일까?

'욘사마'(ヨン様)란 말로 상징되는 한류붐이 형성된 배경에는 한국과 일본 사회의 상호인식의 변화, 그리고 양국 간 민간교류의 활성화 등이 있다고 생각한다.

흔히 일본엔 중년 이상이나 가족들이 같이 볼 만한 드라마나 영화가 별로 없던 차에 순애(純愛), 가족 간의 유대 등 유교적 가치관이 강조되는 한국 드라마 등에 일본인이 공감하게 됐고, 사극도 일본인들이 흥미를 가지는 요리나 건강 등을 소재로 했기 때문에 인기를 끈 측면도 있다.

거기에다 한국 드라마 등의 일본 내 성공은 경쟁력을 가진 우수한 문화상품이었기 때문에 가능했다고 생각한다. 한국에서 일본 대중문화가 개방된 이후 일본 영화 등이 별로 히트하지 못한 것은, 상품으로서 질이 떨어져 시장이 외면한 측면도 있다.

하루에 약 1만 4천 명 왕래

이 같은 요인 이외에 한국사회가 1987년을 전환점으로 경제발전과 민주화를 동시에 이뤄, 과거와 같은 군사독재국가, 후진국에서 벗어난 점이 일본 내 한류붐 형성의 가장 중요한 요인으로 필자는 생각한다.

설사 한국의 군사독재정권 시대나 현재의 북한에서 일본 여성들이 좋아할 만한 배용준과 같은 귀공자 타입의 배우를 기용해 순애드라마를 만들었다 해도, 일본인들이 열광하는 붐은 일어나지 않았을 것이다.

한일국교가 정상화된 1965년경의 한 해 동안 양국 간 왕래자는 약 1만 명에 불과했다. 그것이 2000년대 초에는 하루에 1만 명이 됐고, 이후 점차 늘어나 2010년 연간 양국왕래자 수는 약 523만 명으로, 한국인은 방일 외국인 중 가장 많고(2010년, 243만 명으로 전체의 28%), 일본인은 방한 외국인 중 가장 많다(2010년, 280만 명으로 전체의 35%). 하루에 약 1만 4천여 명이 오간 셈이다.

동일본 대지진 직후 일본방문 한국인이 크게 줄어들었지만, 이같이 양국의 민간교류가 활발히 이뤄진 것이 양국 간 문화교류에 크게 기여했다고 생각한다. 특히 일본인들이 한국에서 보고, 먹고, 느낀 한국 문화체험으로, 과거와 같은 한국에 대한 편견과 차별의식이 크게 불식된 점이 한류붐을 형성하는 한 원인이 됐다고 생각한다.

한일관계사에 기록될 '욘사마'

현재까지 일본인들에게 가장 널리 알려진 한국인은 누구일까?

일본에 신문이 보급된 것은 메이지 유신(1868년) 이후이므로, 그 이전을 제외하면 한말 일본으로 망명(1884년) 한 김옥균(金玉均)과 김대중(金大中) 전 대통령일 것이다.

김옥균은 일본 세력을 등에 업고 갑신정변(1884년)을 일으켰으나 '3일 천하'로 실패한 후 일본에 망명, 10년간의 망명생활중 수구파 민씨 정권에 맞서 개혁을 추진하는 인물로 인식돼 그의 동정은 당시 일본신문에 자주, 그리고 대체로 호의적으로 보도됐다. 그는 갑신정변을 함께 추진하고 역시 일본으로 망명했던 귀족(철종의 부마) 출신의 박영효(朴泳孝)보다도 더 일본인들에게 널리 알려진 인물이었다.

1894년 3월, 김옥균이 자객 홍종우(洪鍾宇)의 꾐에 빠져 상하이(上海)로 가 암살됐을 때 일본의 전 신문이 사건의 배경과 파장 등을 연일 대대적으로 보도했다. 자객의 손에 의해 파란만장한 생을 마감한 김옥균의 혁명가다운 최후는, 당시 일본인들의 관심과 흥미를 더욱 촉발시켜 그는 가장 유명한 외국인이 됐다.

김대중은 1973년 도쿄에서 일어난 납치사건과 대통령 당선, 재임중 남북정상회담, 노벨평화상 수상 등으로 현대의 일본인들에게 가장 널리 알려진 한국인이라고 할 수 있다.

두 사람과 비교했을 때 욘사마는 일본인이라면 남녀노소를 가리지 않고 모르는 사람이 거의 없는 만큼, 더 유명한 한국인이라 할 수 있다.

그런 의미에서도 향후 한일 관계사에서 욘사마는 '일본인이 (현재 시점까지는) 가장 좋아한 한국인'으로, 그리고 양국 간 우호와 교류를 상징하는 인물로 기록될 것이다.

© Yonhapnews

'욘사마' 배용준은 현재까지 일본인들에게 가장 사랑받는 한국인이다. 사진은 기자회견하고 있는 배용준

'일한 쌍둥이론'

"현재 일본과 가장 닮아 있는 나라는 한국이다." 일본의 집권당인 민주당의 오자와 이치로(小澤一郎) 전 대표가 야당대표시절(2008년 8월) 한국 방문을 앞두고 기자회견에서 한 말이다.

그의 말처럼 현재 양국민은 같은 동아시아 국가라는 지리적 역사적 공통분모에 얼굴, 체격 등의 신체적 조건, 동양적 가치관과 관습에다, 근래엔 한국의 경제발전에 따른 라이프스타일과 생활수준에 이르기까지 세계에서 가장 많이 닮아 있다고 할 수 있다.

일본에서 가장 저명한 한국 연구자의 한 사람인 오코노키 마사오(小此木政夫) 게이오대학 교수는 정년퇴직 고별강연(2011년 1월 중순)에서 한 걸음 더 나아가 '일한(日韓) 쌍둥이론'을 전개했다.

그는 양국은 닮은 산업구조에, 민주주의와 인권의 존중 등 공통의 가치관을 가지는 나라가 됐다고 강조했다. 그는 박정희 정권 시절인 1970년대 초 한국에 2년간 유학한 경험이 있는데, 귀국 후 "일본인이 한국을 좋아하는 일은 영원히 없다고 생각한 적도 있었다"고 한다. 그러나 최근의 한류붐으로 "그 예상은 보기 좋게 빗나갔다"고 말한다. 활발한 민간교류가 진행되고 있는 한일관계는 정부나 전문가들의 분석과 예상을 넘어 진화하고 있다.

한국과 일본이 역전될지도 모른다는 우려도

세계경제위기(2008년) 이후 한국기업의 실적이 눈에 띄게 호전된 2010년엔 일본에 한국 예찬론이 불었다.

〈아사히신문〉, 〈요미우리신문〉 등 일본의 유력신문을 비롯해 경제지 등은 삼성전자와 LG전자, 현대자동차 등 한국 기업의 약진을 크게 보도하면서, 이는 한국경제의 강점인 재벌기업의 오너체제에서 비롯된 신속하고 과감한 스피드 경영이 낳은 결과로 일본 기업이 '배워야 할 점'이라고 칭찬했다. 불과 몇 년 전만 해도 한국 기업은 오너가 전횡하는 졸속경영 체질이라고 지탄하던 것과는 정반대다.

특히 소니, 파나소닉, 도시바 등 일본 전자업체 전부가 낸 이익보다 더 많은 실적을 낸 삼성전자의 해외전략 등을 집중소개하며, 일본 기업은 과거의 높은 브랜드명성에 안주, 자만에 빠져 한국기업에 뒤졌다고 지적하고 있다.

서울 G20 정상회담을 앞둔 2010년 11월 일본의 유력지인 〈아사히신문〉과 〈요미우리신문〉엔 같은 날짜(11월 14일자)에 한국은 이미 선진국이 됐고, 이 상태로는 한국과 일본이 역전될지도 모른다고 우려하는 다음과 같은 기사가 게재됐다. 과찬이 아닌가 싶지만 일본이 한국을 보는 관점이 엄청나게 바뀌고 있음을 보여준다.

> 실제로 한국경제는 리먼쇼크에서 가장 빨리 벗어났고, UAE 원자력발전소 건설수주에다, 자유무역협정을 대담히 추진, 쾌진격하고 있다… 이대로는 한국과 입장이 역전될지도 모른다.
>
> — 〈요미우리신문〉, 칼럼 경제백경: G20 한국의 고양과 대항심

> 한국은 이제는 누가 뭐래도 선진국. 여기까지 온 만큼 G7, G8에 가맹할 만하다는 소리도 일부에서 들린다 … 이미 국제경쟁력 면에서 일한(日韓) 역전현상이 반도체, 액정패널, 휴대전화로 계속되고 있다. 리튬이온전지와 소형차에서도 일본은 한국에 바짝 쫓기고 있다.
>
> — 〈아사히신문〉, 이명박 대통령 인터뷰 기사

한국 교육에 대해서도 칭찬일색이다. 앞에서 언급했지만 국제학력조사에서 한국 학생들의 성적이 일본에 비해 월등히 우수한 이유 중의 하나로 "급격한 변화가 일어나고 있는 현대사회에서 톱 다운으로 빨리 정책을 결정, 실시하는 것은 한국의 강점"〔도쿄대학 아리타 신(有田伸) 준교수〕이라고 지적한다.

일본인이 쓴 책 제목인 '한국이 죽어도 일본을 따라잡지 못하는 이유' 식으로, 한국은 결코 일본을 넘어설 수 없다고 비하했던 시각과 비교하면 최근 일본 매스컴의 한국에 대한 논조는 이처럼 엄청나게 바뀌었다.

그러나 한류붐 속에도 한국, 한국인을 악의적으로 폄하하는 내용의 《혐한론》(嫌韓論)이란 만화책이 수십만 권이나 팔릴 정도로, 일본엔 한국, 한국인에 대한 반감을 가진 기류도 엄연히 존재한다. 한국 드라마 등을 많이 방영한 후지TV에 대해 '한류방송 중지' 등을 요구하는 반한파 수백 명의 가두데모(2011년 8월)도 일어났다.

Key word

'기타초센'

북한을 일본에선 '기타초센'(北朝鮮)으로 부른다.

일본 매스컴은 2006년까지는 관련 기사 맨 앞에 '조선민주주의인민공화국'으로 표기한 뒤 다음 문장부터 '기타초센'으로 불렀으나 국명이 길어 번잡했음인지, 일본 신문협회 등의 결정으로 정식국명을 표기하지 않은 채 '기타초센'으로 부르고 있다. 일제강점기 일본인들과 일본신문 등은 조선의 남북지방을 가리켜 각각 '남선'(南鮮), '북선'(北鮮)이란 용어를 사용했는데 그 연장선상인 셈이다.

현재의 일본인들에겐 이 '기타초센'이란 나라는 일본인 납치, 핵문제 등으로 공포의 대상이자 가장 혐오하는 나라다. 각 매스컴에는 거의 매일 '기타초센'을 비판, 비난하는 기사가 실린다고 해도 과언이 아니다.

고이즈미 총리가 2002년 9월 평양을 방문, 김정일 국방위원장과 국교정상화 교섭 재개 등을 합의한 '평양성명'은 핵개발, 납치문제 등으로 휴지상태가 된지 오래다.

일본인 납치문제도 평양선언 발표 직후 5명의 납치피해자가 귀국(10월)한 이후 진상규명과 납치자 전원(일본 정부는 17명, 납치피해자 관련단체 등은 수십 명 또는 백 명 이상으로 주장)의 귀국을 주장하는 납치피해자가족과 일본 정부의 요구에 대해 북한 측은 '더 이상 납치자는 없다'는 말만 되풀이하고 있어 그 이후 아무런 진전이 없는 상태다.

일본 정부는 납치문제 해결을 위해 '대화와 압력' 정책에 따라 북한 선박의 출입금지, 북한산물품 수입금지 등의 경제제제를 가하고 있으나 별로 효과를 올리지 못하고 있는 셈이다.

자민당에서 민주당으로 정권이 바뀐 뒤(2009년 9월)에도 황장엽 전 조선노동당 비서(2010년 4월) 및 대한항공기 폭파범 김현희의 방일(동년 7월) 이외엔

북한에 납치된 일본여성 요코다(横田) 메구미의 아버지가 한국을 방문, 한국인납치피해자가족회 관계자의 환영을 받고 있다.

납치문제 해결과 관련한 이렇다 할 움직임이 없는 상태다.

일본 정부는 2010년 신학기부터 공립고교 수업료 무상화 교육을 실시하고 있으나 조총련 산하의 조선학교에 대해서는 무상화 대상에서 제외해 조총련과 일부시민단체가 조선학교 학생들과 북조선 정권은 별개라고 반발하며 시정을 촉구했다.

이에 조선학교도 무상화 대상에 포함시키기로 2010년 10월 결론이 났으나 연평도 포격사건(11월)이 일어나자 간 나오토 총리가 보류를 지시해 해결이 지연됐고, 동일본 대지진이 터지자 이 문제는 아예 논의조차 되지 않고 있다.

북한의 일본인 납치문제는 긴 한일 관계사에서 일본이 한국(북한을 포함해)과의 관계에서 사상 처음으로 피해자의 입장이 됐다는 중요한 의미가 있다. 북한이 저지른 일본인 납치는 비난받아 마땅한 행위지만 납치행위와는 비교할 수가 없는, 일본의 침략행위에 대해 진정으로 반성, 사죄하는 인식을 가진 일본인은 그렇게 많지 않다. 특히 우익성향의 사람들은 여전히 당시 일본은 제국주의 열강이 했던 것처럼 후진국인 조선을 식민지로 삼았을 뿐이므로, 일본만이 잘못한 것은 아니지 않느냐는 인식을 가지고 있다.

18 부부별성(夫婦別姓) 허용 움직임

Keyword: **일본인의 성(姓)**

결혼 후 부인 성을 따라도 돼

현재의 일본인, 일본 사회는 한국인, 한국 사회와 가장 닮아 있으면서도 역시 다른 점도 상당하다는 것을 피부로 느낀다. 나라와 민족이 다르고, 문화와 전통이 다른 만큼 당연하다. 한국과는 전혀 다른 일본인의 성씨(姓氏) (Keyword 참조) 제도 등 가족관계와 관련해 몇 가지 예를 보자.

얼마 전 결혼한 어느 일본인 지인의 아들이 자신의 성을 '○○다이스케(大輔)'에서 부인의 성을 따라 '△△다이스케'로 바꿨다는 인사장을 보내왔다. 일본은 한국이나 중국과 달리, 여자가 결혼하면 남자 성을 따라가는 것만으로 알고 있었는데, 이 같은 경우는 처음 경험하는 일이었다.

'이런 경우도 있는가' 싶어 주변의 일본 사람들에게 물어보니, 법률상 얼마든지 가능한 만큼 아무런 문제가 없다는 이야기였다. 직장에서도 갓 결혼한 남성사원이 혼인신고를 하면서 부인 성으로 바꿨다고 해서 동료들이 색안경을 끼고 보는 사람은 없다고 한다. 노다 세이코(野田聖子)란 자민당 의원의 남편은 혼인신고를(2011년 2월) 하면서 부인 성을 따른 것이, 일본 신문에 조그마한 화젯거리 기사로 실린 것을 본 적이 있다.

관련법인 일본 민법 제750조는 '부부는 결혼할 때 정해진 바에 따라 부(夫) 또는 처(妻)의 씨(氏)를 칭(稱)한다'로 규정하고 있다. 법률용어로는 '씨'이나 일반적으로는 '묘지'(苗字), '세이'(姓)란 용어를 사용한다. 결혼하는 남녀는 동일한 성을 갖도록 규정하고 있을 뿐이지, 남자 성을 따라야 한다는 규정은 없다.

메이지 유신 이후 부부동성제도

메이지 유신(1868년) 이전까지 성을 가지고 있던 일본 귀족의 경우 한국, 중국과 같이 여자가 결혼해도 자신의 성을 그대로 유지하고 있었다.

예를 들면, 중세시대의 유명여성인 호조 마사코(北條政子), 히노 도미코(日野富子)는 각각 남편인 미나모토 요리토모(源頼朝), 아시카가 요시마사(足立義政)의 성이 아니고 자신의 성을 가지고 있다.

일반인들은 성을 가지고 있지 않았으나 메이지 유신 이후 헌법을 제정하고 민법을 만들 때 주민파악 등을 위해 일반인들도 성을 갖게 했다. 이때 서구식을 모방해 부부동성(同姓)으로 했다.

패전 후, 1946년에 제정된 현행헌법('일본국 헌법')의 '가정생활에서의 개인의 존엄과 남녀의 본질적 평등'을 규정한 조항(제 24조)에 따라, 메이지 민법에 규정한 '부(夫)의 씨(氏)'를 따라야 한다는 것이 '부 또는 처의 씨'로 바뀌었다. 즉, 결혼하면 부부의 성은 남편의 성이든 아내의 성이든 상관없이 같으면 되고, 자녀들은 그 성에 따라야 한다. 후생노동성의 혼인통계에 의하면 2010년말 현재 결혼하는 여성 중 약 96%가 남편 성을 따르고 있다.

이 같은 부부동성 제도하에서 남자가 여자 성을 택하는 것은 '무코이리'(壻入り)로 불리는 데릴사위로 들어가거나, 계부(繼父)의 성을 가진 남자가 결혼을 계기로 새롭게 출발한다는 의미에서 바꾸는 경우 등이다.

메이지 유신 이후 일본은 구미식의 부부동성 제도가 150년 가까이 정착돼, 부부는 동성이란 인식이 당연시돼 있다. 그래서인지, 일본인들 중에는 한국이나 중국은 여성이 결혼해도 성을 바꾸지 않는 제도인 것을 모르는 사람들이 많다.

유명여성들은 결혼 후에도 자신의 성 그대로

민주당 정권은 '선택적 부부별성(別姓)'제도 도입을 검토중이다. 현행의 부부동성을, 여성이 결혼하면서 동성으로 하느냐, 별성으로 하느냐를 선택 가능토록 하자는 것이다.

민주당은 야당시절 여러 차례 이 같은 내용의 민법 개정안을 국회에 제출했었다. 그러나 자민당 정권에 의해 그때마다 부결됐다. 이를 집권당이 된 민주당이 국회에서 통과시킨다는 방침이다.

법무성이 그동안 법률심의회 등의 의견을 종합해 작성한 개정안 시안(2010년 3월)에 따르면, 별성선택 후에 다시 변경하는 것은 인정할 수 없으며, 자녀가 복수일 경우 형제자매의 성은 통일하도록 하고 있다. 또 기혼부부의 경우 제도 도입 후 1년 이내에 별성선택을 허용하도록 하고 있다.

부부별성을 인정해야 한다는 목소리는 1990년대 이후 높아지기 시작했다. 여성의 사회진출이 늘어나면서 결혼 후에도 직장의 업무상 이름을 바꾸고 싶지 않다, 무남독녀인 딸이 결혼해도 집안의 성을 계속 이어가게 하고 싶다, 결혼한다고 해서 반드시 남편의 성을 따라야 할 필요가 있느냐는 의식변화 등이 그 이유다.

부부별성을 인정하지 않는 일본의 민법규정은 개인의 존엄과 남녀평등을 보장한 헌법위반이라며 남녀 5명이 국가를 상대로 위자료(6백만엔) 지급 및 별성으로 제출한 혼인신고서를 처리하지 않은 행정처분취소 요구소송(2011년 2월)도 사상처음 제기돼 재판이 진행중이다.

이 같은 흐름 속에 민주당이 부부별성 선택 도입을 추진중이나 메이지시대 이래 오랜 기간 동안 부부동성이 관습과 전통으로 굳어져 있어,

보수층이 제도변경에 반대하고 정부, 여권 내에서도 공개적으로 민법 개정안에 반대의사를 밝히는 각료도 있는 등 진통이 만만찮다.

현행의 부부동성 제도하에서 유명 연예인들이나 스포츠선수 등은, 결혼할 경우 호적엔 남편 성을 따라 올리지만 대외활동은 결혼 전 이름을 그대로 사용하는 경우가 대부분이다. 결혼 전 이름으로 형성된 자신의 이미지 등을 유지, 관리하는 데 유리하기 때문이다.

한국에도 많이 알려진 배우 히로스에 료코(廣末涼子)나 가수 아무로 나미에(安室奈美恵), 가수 우타다 히카루(宇多田ヒカル) 등의 경우 결혼 전 이름을 그대로 쓴다. 이들은 모두 결혼 후 얼마 안 돼 이혼한 케이스인데, 이름을 안 바꾼 것이 일반인들에겐 덜 혼란을 주는 것 같다.

그러나 여자유도 올림픽 금메달 2연패 등으로 유명하고, 2010년 참의원 의원에 당선된 다무라 료코(田村亮子)와 같이 다니 요시토모(谷佳知) 선수(프로야구 요미우리 자이언트)와 결혼한 뒤 다니 료코(谷亮子)로 이름을 바꿔 활동하는 경우도 있다.

얼마든지 성을 갈아도 되는 일본

한국에선 몇 년 전 민법이 개정돼 부모가 이혼할 경우 자식의 성을 어머니 성으로 바꾸는 것이 가능해지긴 했지만, 이전엔 남자이건 여자이건 성을 바꾼다는 것은 있을 수 없는 일이었다. 그래서 우리는 무언가를 강력히 부정하거나, 어떤 일을 강조할 때 '성을 간다'고 말한다.

그러나 전술했듯이 일본에선 성을 가는 것은 아무것도 아니다. 한국이나 중국과 달리 메이지 유신 이후 일본은 법적으로 얼마든지 성을 바꿀 수 있기 때문이다. 어릴 때 생모가 이혼과 결혼을 반복해 성이 몇 번이나 바뀌고, 자신도 데릴사위 등으로 여자 성을 가지고 이혼하게 돼 또 성이 바뀐 어떤 사람이, 자신에게 "성은 아무런 의미가 없다"고 말하는 신문기사를 읽은 적이 있다.

동창회 명부 등을 보면 여자의 경우 결혼 전의 성을 '구성'(舊姓)으로 표기한다. 남자의 경우도 구성이란 표기가 상당히 많이 있다. 양자로 가거나 데릴사위로 들어가며 성을 바꾸기 때문이다.

양자의 경우도 한국은 동성동본의 친족끼리만 가능했으나 일본은 누구에게나 갈 수 있다. 현재의 일본은 핵가족화 등으로 양자가 많이 줄어들었지만, 옛날엔 양자로 간 경우가 많았다.

막말유신(幕末維新, 도쿠가와막부 말기와 메이지 유신)의 격변기에 활동했던 많은 사람들도 양자로 가거나 해서 이름이 여러 가지다.

예를 들면, 이토 히로부미(伊藤博文)만 해도 본명은 하야시 리스케(林利助)였으나 아버지가 머슴으로 일했던 이토(伊藤)가의 양자가 되어 이토 리스케(伊藤利助)가 됐다. 성뿐만 아니라 이름도 촌스럽다 해 선배무사가 슌스케(俊輔), 히로부미(博文) 등 여러 개를 지어 주어 30대 이후 장중한 느낌을 준다는 히로부미를 사용했다.

명성황후 시해사건 직전의 주한 일본공사로 시해사건에 간접적으로 관여했던 이노우에 가오루(井上馨)도 10대 때 양자로 가 성과 이름이 시도 몬타(志道聞多)로 바뀌었으나, 뒤에 본래의 이름으로 되돌아갔다. 형제총리로 유명한 기시 노부스케(岸信介, 1957~1960년 재임)와 사토 에이사쿠(佐藤榮作, 1964~1972년 재임)는 친형제이나 성이 다르다. 기시가 양자로 갔기 때문이다.

할아버지와 외할아버지 구분 안 돼

일본의 가족 간 호칭도 한국과는 상당한 차이가 있다. 우선 가족호칭에 친가(親家)와 외가(外家)의 구분이 없다.

예를 들면, 어떤 자료에는 '메이지 천황의 조부 나카야마 다다야스(中山忠能)와 …'로 돼 있다. 일본의 천황은 성을 가지고 있지 않으므로 이름만으로 표기한다. 히로히토(裕仁), 아키히토(明仁) 식이다. 성이 없는데 어떻게 나카야마란 성을 가진 천황의 조부가 있을 수 있는가? 일본인 지인에게 물어보니 나카야마란 사람은 메이지 천황의 외할아버지란 설명이었다. 메이지 천황은 아버지인 고메이(孝明) 천황과 후궁(나카야마의 딸)의 소생이었다.

민주당에 정권이 넘어가기 직전 자민당 정권의 총리를 지낸 아베 신조(安倍晋三)와 아소 다로(麻生太郎)의 경우 각각 외할아버지가 총리를 지낸 기시 노부스케와, 요시다 시게루(吉田茂)이다. 일본 매스컴 등은 이들이 아베, 아소의 조부라고 표기한다. 외조부 등 친가와 외가를 구분하는 호칭이 없기 때문에 이같이 친할아버지든 외할아버지든 같은 조부다. 할머니와 외할머니의 경우도 마찬가지로 조모다.

고모와 이모의 경우도 구분 없이 그냥 아주머니인 '오바상'(おばさん)이고, 삼촌과 외삼촌의 경우도 같은 아저씨인 '오지상'(おじさん)이다.

Key word

일본인의 성(姓)

일본인의 성이 몇 개인지 정확히는 모른다. 성이 너무 많아 정부가 공식으로 집계해 발표한 적이 없기 때문이다. 현재 약 29만 개(《일본 성씨 대사전》)가 있는 것으로 알려져 있다.

일본인의 성은 기본적으로 한자로 표기하지만 이 가운데는 '上野'를 '우에노', '아가노', '고즈케'로 부르거나 '和田'을 '와다', '니기타'로 부르는 등 같은 한자라도 발음을 달리하는 동자이훈(同字異訓)만 무려 5만 개 정도가 있다.

같은 한자문화권의 중국의 성씨가 약 6천 개, 한국은 280여 개에 불과하고 유럽의 경우 영국 1만 6천여 개, 가장 많다는 핀란드가 6만 개 정도여서 일본 성씨의 숫자는 세계 1위라고 한다.

현재 일본에선 성을 '묘지'(苗字, 또는 名字)라고도 하나 법률적으로는 '씨(氏), 또는 우지'라고 한다. 따라서 성과 이름도 한국처럼 성명(姓名)이 아니고 씨명(氏名)이다.

씨는 고대 이래 같은 조상으로부터 나온 혈족집단의 이름을 의미하고, 성은 그 혈족집단에 복속하는 다른 집안의 사람들에게 지류(支流), 말류(末流)의 이름으로 부여한 것이었다. 씨나 성은 대부분 지명이나 지형 등에서 따와 지었다. 한반도와 중국에서 귀화한 사람의 경우 '구다라'(百濟), '고마'(高麗), '가라비토'(韓人), '하타'(秦), '아야비토'(漢人) 등 각자의 조국을 씨로 삼기도 했다.

씨나 성은 메이지 유신 이전까지는 귀족이나 무사계급들만이 가지고, 평민들은 성을 가지는 것이 허용되지 않았다.

메이지 3년(1870년) 신정부는 평민들에게도 성을 가지도록 허용했으나 오랫동안 성 없이 생활해 별로 불편함을 몰랐던 일반 농민, 상인 등은 성을 가지지 않는 경우가 많았다. 1872년, 징병제 실시에 따라 국민 개개인의 관리가 필요해

표 9 | 일본인 성 '톱 텐'

순위	성	순위	성
1	사토(佐藤)	6	이토(伊藤)
2	스즈키(鈴木)	7	야마모토(山本)
3	다카하시(高橋)	8	나카무라(中村)
4	다나카(田中)	9	고바야시(小林)
5	와타나베(渡辺)	10	가토(加藤)

진 정부는 성을 가지는 것을 의무화(1875년)시켰다.

이에 동네마다 수많은 평민들이 신사의 신관(神官), 승려, 마을훈장이나 하급 관리 등 유식자에게 성을 만들어 달라고 부탁했다. 성으로 사용할 만한 지명 등이 동이 나자 나무나 풀, 생선이나 야채이름 등을 차례로 붙여 주었다. 이 과정에서 '니혼하지메'(日本一), '와타누키'(四月一日)와 같은 기상천외의 성도 생겨났다. 이렇게 해서 일본의 성은 수십만 개가 됐다.

일본의 경우 성이 수십만 개가 있는 데다 한국처럼 개인마다 주민등록번호가 부여돼 정부가 정확한 통계를 낼 수 있는 시스템이 아니어서, 주민등록을 근거로 한 성별 공식통계가 없다.

전화번호부 등재자나 대형 보험회사인 다이이치(第一)생명이 가입자 1천만 명의 성을 분석한 자료가 있다. 정부의 공식통계는 아니지만 일본에서 가장 많은 성 '톱 텐'은 〈표 9〉와 같다. 각 통계별로 반드시 퍼센트가 일치하지 않으나 사토(佐藤) 1위, 스즈키(鈴木) 2위로 순위는 거의 비슷하다.

참고문헌

堺屋太一, 2002, 《日本の盛衰》, PHP 研究所.
高橋哲也, 2005, 《靖国問題》, 筑摩書房.
高橋哲也・田中伸尚, 2006, 《〈靖国〉という問題》, 週刊金曜日.
渡辺三男, 1980, 《日本人の姓名》, ぎょうせい.
李熙子・竹見智恵子, 2009, 《アボジが帰るその日まで》, 梨の木舍.
末廣幸代, 2010, 《吉兆 湯木貞一》, 吉川弘文館.
武光誠, 2007, 《天皇の日本史》, 平凡社.
文芸春秋 編, 2011, 《日本の論点》, 文芸春秋.
半藤一利 等, 2010, 《'ＢＣ級裁判'を読む》, 日本経済新聞出版社.
裵淵弘, 2009, 《朝鮮人特攻隊》, 新潮社.
百瀬孝, 2010, 《日本の領土》, 河出書房新社.
山田昌弘, 2009, 《なぜ若者は保守化するのか》, 東洋経済新聞社.
小谷野敦, 2008, 《日本の歷代権力者》, 忍冬舍.
小倉紀藏, 2010, 《ハイブリッド化する日韓》, NTT出版.
辛坊次郎・辛坊正記, 2010, 《日本経済の真實》, 幻冬社.
野村進, 2006, 《千年, 働いてきました》, 角川書店.
自由国民社, 2011, 《現代用語辭典》, 自由国民社.
田中伸尚, 2002, 《靖国の戰後》, 岩波書店.
田中直毅, 2010, 《5年後の日本と世界》, 講談社.
井上宏生, 2006, 《神さまと神社》, 祥伝社.
帝國データバンク 編, 2009, 《百年続く企業の条件》, 朝日新聞出版.
藻谷浩介, 2010, 《デフレの正体》, 角川書店.
中塚明, 2002, 《日本と韓国・朝鮮の歴史》, 高文研.
津谷典子・樋口美雄, 2009, 《人口減少と日本経濟》, 日本経済新聞社.
秦郁彦, 2010, 《靖国神社の祭神たち》, 新潮社.
河西秀哉, 2010, 《〈象徵天皇〉の戰後史》, 講談社.
河野康子, 2010, 《戰後と高度成長の終焉》, 講談社.
下條正男, 2004, 《竹島は日韓どちらのものか》, 文芸春秋.